2020 中国空港经济区（空港城市）
发 展 蓝 皮 书

U0694835

国际空港城市

全球化生存和发展的平台

INTERNATIONAL AIRPORT CITY
— A PLATFORM FOR THE SURVIVAL AND
DEVELOPMENT UNDER GLOBALIZATION

王学东　等著

经济管理出版社
ECONOMY & MANAGEMENT PUBLISHING HOUSE

图书在版编目（CIP）数据

国际空港城市：全球化生存和发展的平台/王学东等著 . —北京：经济管理出版社，2020.10
ISBN 978 - 7 - 5096 - 7349 - 2

Ⅰ.①国… Ⅱ.①王… Ⅲ.①机场—经济发展—研究—世界 Ⅳ.①F561.3

中国版本图书馆 CIP 数据核字（2020）第 146660 号

组稿编辑：梁植睿
责任编辑：梁植睿
责任印制：黄章平
责任校对：陈 颖

出版发行：经济管理出版社
　　　　　（北京市海淀区北蜂窝 8 号中雅大厦 A 座 11 层　100038）
网　　　址：www. E - mp. com. cn
电　　　话：（010）51915602
印　　　刷：北京玺诚印务有限公司
经　　　销：新华书店
开　　　本：720mm × 1000mm/16
印　　　张：13.25
字　　　数：216 千字
版　　　次：2020 年 10 月第 1 版　　2020 年 10 月第 1 次印刷
书　　　号：ISBN 978 - 7 - 5096 - 7349 - 2
定　　　价：88.00 元

编　委　会

序

顺应时代潮流
大力推进空港城市建设与发展

进入 21 世纪以来，信息技术、数字网络与工业制造、交通运输和物流服务不断深度融合，正在改变甚至彻底重构着世界经济布局、产业结构、国际分工、国际贸易、国际资本流动以及与之密切相关的人类的生活方式与交往方式，整个地球已经进入了数字经济、网络经济和快捷经济时代。

随着新一代网络信息技术不断发展、创新与突破，经济活动的数字化、网络化、智能化速度进一步加快。到 2019 年，中国的数字经济增加值已经达到 35.8 万亿元，占 GDP 比重已经达到 36.2%。电子商务、云计算、大数据、人工智能以及互联网、物联网、智能制造和远程医疗等一系列数字经济产业风起云涌，并呈现出越来越明显的高附加值、高度个性化、便捷化、快速化和分散协作等特征。所有这些，对全球产业分工和产业链发展都产生了深刻的影响，同时也对新型基础设施及其配套能力，全球价值链和供应链服务的质量、水平和便捷程度等提出了新的要求。

从时空联系和产业组织形态角度看，特别是随着人类技术创新能力的大幅度提高，到目前为止，真正能够满足高质量、大批量、更快捷的交通运输服务要求的，当是以信息网络为纽带将全球各国连接成一个密不可分的整体的具有信息网络叠加功能的航空快速交通网络。今天的航空快速交通网络，已经是能够覆盖全球的4.0版供应链网络。4.0版供应链网络，不仅在物理技术连接上，而且在虚拟空间连接上都实现了全球范围的网络化、数字化，从而进一步推动了产业分工的深化和细化，国际协作的范式化、经典化、普遍化和集群化，并由此有力地推动着快捷经济时代的到来。

据有关统计资料显示，到目前为止，全球范围货物贸易总值的30%以上是通过甚至是完全依托航空物流技术和机制实现的。之所以如此，信息网络技术、大数据、云计算、互联网、物联网的快速发展及其广泛应用是关键。正是在这个基础上，航空快速交通网络才承担起了包括物流和人流在内的24小时直达服务，实现了人流、物流在更大空间跨度和更小时间范围的目标直接兑现，全球性合作共赢也因此而进一步加强和走向深化。

这是一个国际产业分工的逻辑、区域经济竞争的手段、城市布局方式的演进都会不断发生重大变化的时代，更是一个数字经济、网络经济、商务交往和产品越来越依赖航空运输的时代。在这样一个时代，以机场为重要支撑、基本载体和核心作用的空港城市便应运而生。成功建设与发展的空港城市，以其快捷运送、全球互联、成批重载的独特优势，成为海量人流、物流、信息流的聚散中心和国际物流网络、商务交往网络的重要节点以及全球经济发展新的增长极，区域经济的一体化、高级化也将因此走上健康前行的快车道。

快捷是人类社会及其经济活动进入一个新时代的象征和标志。顺应快捷经济大潮的到来，加强和深化空港城市建设和发展的研究，也因此显得越来越重要、越必要、越需要。习近平总书记就曾把北京大兴空港称为"国家发展一个新的动力源"。前些年，国家发改委和民航局联合开展了临空经济示范区申报，全国陆续建立了包括北京大兴、广州、长沙、郑州、西安、上海、重庆、首都机场等十多个临空经济示范区。在空港示范区的影响下，各地围绕空港进行了大量探索和建设实践。所有这些实践和探索，又迫切需要进行更加深入的理论研究和更加鲜活的经验总结。

《国际空港城市——全球化生存和发展的平台》这本书，是我国空港城市研究领域的第一部蓝皮书。这本书紧紧围绕空港城市形成机制、空港城市建设和发展等问题进行了较为深入的理论研究和经验总结，为我国空港城市的建设和发展提供了解决问题的新思路和新方法，具有世界领先性，填补了该领域理论研究和实践经验总结的空白，为空港城市建设和发展研究开辟了广阔前景。相信此书的出版一定能够为理论界同仁，特别是广大空港城市建设的参与者，提供有价值的参考。在此，我也非常愿意以此为序并向大家推荐此书。

中国空港城市发展委员会会长

刘迎秋

2020 年 7 月 10 日

于北京小偓游斋

目　录

图目录

表目录

第1章 中国空港经济区发展概况

1.1 全国空港经济区布局状况

截至 2020 年 1 月，全国目前 32 个省（自治区、直辖市）均已明确提出空港经济区发展的相关指导意见，各省份已经明确规划并进行建设的空港经济区有 80 个，其中，全国客运量超过 1000 万人的 37 个机场均已规划建设空港经济区。

2017 年以来，国家发改委、民航局相继批复成都、长沙、贵阳、杭州、西安、宁波、首都机场、南京临空经济示范区。截至 2019 年 12 月 31 日，我国共有 14 个国家临空经济示范区，包括郑州航空港经济综合实验区、北京大兴国际机场临空经济区、青岛胶东临空经济示范区、重庆临空经济示范区、广州临空经济示范区、上海虹桥临空经济示范区、成都临空经济示范区、长沙临空经济示范区、贵阳临空经济示范区（又称贵州双龙航空港经济区）、杭州临空经济示范区、西安临空经济示范区、宁波临空经济示范区、首都机场临空经济示范区、南京临空经济示范区（又称南京空港枢纽经济区）。基本情况和部分空间布局如表1.1 和表 1.2 所示。

由此可以得出我国临空经济示范区四个层面的特点：

（1）空间层面上，以大型枢纽机场为核心。

大型区域性机场是国家临空经济示范区的载体，目前 14 个临空经济示范区

表1.1 中国临空经济示范区基本情况汇总

名称	批复单位	批复时间	规模 （平方千米）	定位
郑州航空港经济综合实验区	国务院	2013年3月7日	415	国际航空物流中心 以航空经济为引领的现代产业基地 内陆地区对外开放重要门户 现代航空都市 中原经济区核心增长极
北京大兴国际机场临空经济区	发改委 民航局	2016年10月12日	150	中国的全球门户 首都的世界客厅 京津冀的新增长极
青岛胶东临空经济示范区	发改委 民航局	2016年10月20日	149	区域性航空枢纽 高端临空产业基地 对外开放引领区和现代化生态智慧空港城
重庆临空经济示范区	发改委 民航局	2016年10月20日	147.48	内陆开放空中门户 临空高端制造业集聚区 临空国际贸易中心 全国创新驱动核心区 低碳人文国际航空都市区
广州临空经济示范区	发改委 民航局	2016年12月	135.50	国际航空枢纽 生态智慧现代空港区 临空高端产业集聚区和空港体制创新试验区
上海虹桥临空经济示范区	发改委 民航局	2016年12月	13.89	国际航空枢纽 全球航空企业总部基地 高端临空服务业集聚区 全国公务机运营基地和低碳绿色发展区
成都临空经济示范区	发改委 民航局	2017年3月3日	100.40	临空经济创新高地 临空高端产业集聚区 内陆开放先行区 新型生态智慧空港城
长沙临空经济示范区	发改委 民航局	2017年5月17日	140	长江经济带空铁联运枢纽 创新发展内陆开放型经济高地 高端临空产业集聚发展区 绿色生态宜居智慧航空城

续表

名称	批复单位	批复时间	规模（平方千米）	定位
贵阳临空经济示范区	发改委民航局	2017 年 5 月 18 日	148	西部内陆地区对外开放重要门户 西南航空客货运枢纽 特色高端临空产业基地 智慧型生态化临空示范区
杭州临空经济示范区	发改委民航局	2017 年 5 月 23 日	142.70	区域性航空枢纽 全国高端航空产业集聚区 跨境电商发展先行区 生态智慧航空城的全国临空经济发展先行区
西安临空经济示范区	发改委民航局	2018 年 4 月 25 日	144.10	国际航空枢纽 临空特色产业聚集区 内陆改革开放新高地 生态宜居空港城市
宁波临空经济示范区	发改委民航局	2018 年 4 月 25 日	82.50	打造服务便捷 管理高效 产业联动 特色鲜明的现代化国际空港
首都机场临空经济示范区	发改委民航局	2019 年 2 月 27 日	115.70	国家临空经济转型升级示范区 国家对外开放重要门户区 国际交往中心功能核心区 首都生态宜居国际化先导区
南京临空经济示范区	发改委民航局	2019 年 3 月	81.80	国际航空枢纽 现代化临空经济产业体系 现代化生态化智慧型临空经济示范区

表 1.2　中国部分临空经济示范区空间布局简介

名称	空间布局
郑州航空港经济综合实验区	以空港为核心，两翼展开三大功能布局，整体构建"一核领三区、两廊系三心、两轴连三环"的城市空间结构。 ◇"一核领三区"：以空港为发展极核，围绕机场形成空港核心区。以轴线辐射周边形成北、东、南三区； ◇"两廊系三心"：依托南水北调和小清河打造两条滨水景观廊道，形成实验区"X"形生态景观骨架。同时结合城市功能形成三大城市中心：北区公共文化航空商务中心、南区生产性服务中心、东区航空会展交易中心； ◇"两轴连三环"：依托新 G107、迎宾大道打造城市发展轴带，形成实验区十字形城市发展主轴。同时结合骨干路网体系形成机场功能环、城市核心环、拓展协调环的三环骨架。

续表

名称	空间布局
北京大兴国际机场临空经济	北京大兴国际机场临空经济区总体定位为国际交往中心功能承载区、国家航空科技创新引领区、京津冀协同发展示范区。是国家对外交往的新门户、打造北京发展的新引擎、京津冀协同发展的新高地。 北京大兴国际机场临空经济区总面积约 150 平方千米，其中北京部分约 50 平方千米，河北部分约 100 平方千米，包括航空物流区、科技创新区、服务保障区共三个功能片区： ◇ 航空物流区重点承载航空物流、电子商务、综合保税、国际会展、航企服务等功能； ◇ 科技创新区重点承载航空导向的研发创新、科技孵化、高端制造、科技金融等功能； ◇ 服务保障区重点承载航空科教、特色金融、休闲娱乐、科技创新服务等功能。
青岛胶东临空经济示范区	◇ "一核"： 空港发展核，包括胶东国际机场及其周边区域，总面积 35 平方千米，重点建设航空公司运营总部和现代国际空港运营中枢。 ◇ "五区"： • 通航产业区，位于核心区西南部，规划 30 平方千米，重点打造在东北亚区域具有影响力的高端通航产业基地； • 航空制造产业区，位于核心区西部，总面积 25 平方千米； • 临空现代服务区，位于核心区南部，总面积 25 平方千米，重点打造现代空港商务区； • 航空特色社区，位于核心区东部李哥庄镇域，规划 4 平方千米，重点建设面向空港城商务人士和空港高端工作人员居住的国际航空特色社区； • 临空经济北区，位于平度市南村镇，规划 10 平方千米。 ◇ "一带"： 大沽河生态保护带，以大沽河水系为特质构建区域绿地景观网络，提升生态涵养功能，沿河两侧建设生态防护走廊、森林公园、水系景观等。通过大沽河生态保护带丰富示范区的发展底蕴，提升海洋、湿地、文化、航空内涵，打造具有特色辨识度的生态品质型示范区。
重庆临空经济示范区	◇ "一核"：临空经济示范核心区，面积 42.21 平方千米（其中中新合作航空产业项目 12.2 平方千米）。主要依托重庆江北国际机场和中新合作航空产业项目。 ◇ "五区"：临空制造区、临空商务区、临空物流区、临空会展区、临空保税区五个功能片区： • 临空制造区，面积约 36.42 平方千米，主要依托前沿科技城、创新经济走廊、空港工业园区； • 临空商务区，面积约 38.91 平方千米，为驻场航空公司提供生活基地； • 临空物流区，面积约 2.22 平方千米，主要依托铁路枢纽东环线及其木耳站、机场支线和木耳物流园； • 临空会展区，面积约 18.00 平方千米，主要依托悦来会展城； • 临空保税区，面积约 9.72 平方千米，主要依托保税港区空港功能区。
广州临空经济示范区	通过轴向发展、点轴成带、网络化发展，形成"南商、北运、西城、东绿、中流经济、组团发展、生态间隔"的网络空间格局。在空港经济区核心区布局航空核心产业，外围布局配套项目，通过交通走廊连接并将航空产业向外辐射，与周边白云区、花都区协同发展。
上海虹桥临空经济示范区	示范区将建设面向未来的现代航空港区，形成"一核三区"的总体布局。其中，"一核"指的是虹桥机场 1 号航站楼精品航站， 主导功能包括值机、安检及交通集散等机场航空地面服务。"三区"由西到东分别为机场作业、航空管理与航空服务业集聚以及临空服务业集聚区。围绕这一格局，示范区将配合虹桥机场打造服务一流的国际航空枢纽。

续表

名称	空间布局
成都临空经济示范区	示范区将着力构建"一港四区"空间发展格局： ◇ "一港"——国际航空港。包括成都双流国际机场及周边环绕区域，管理面积 17.7 平方千米，打造成为空港服务核心区和内陆开放窗口。 ◇ "四区"： ● 临空高端制造产业功能区。布局于成都双流国际机场南侧，管理面积 43.7 平方千米，包含成都高新综合保税区双流园区、高端智能制造两个区域。 ● 航空物流与口岸贸易功能区。布局于成都双流国际机场东侧，管理面积 10.4 平方千米，为空港自贸经济提供重要支撑，建设成为国际自由贸易流通口岸。 ● 临空综合服务功能区。布局于成都双流国际机场西侧和东南侧，管理面积 17.1 平方千米，包含通用航空产业区、协和公兴片区两个区域。 ● 生态防护功能区。管理面积 11.5 平方千米，主要包含示范区内环城生态带、机场生态防护区等。
长沙临空经济示范区	长沙临空经济示范区按照"一轴两核三组团"的总体空间布局进行规划建设： ◇ "一轴"是指，空铁联动发展轴，将城市公共服务设施与空铁联运通道有机结合。 ◇ "两核"是指，依托空铁联动发展轴，围绕机场、高铁站重点打造航空与高铁运输服务"双核心"，推进立体交通和综合枢纽建设，为示范区发展提供双核驱动。 ◇ "三组团"是指：空港枢纽组团，包括黄花机场及其周边区域；临铁新城组团，位于示范区西南部；星马创新组团，主要依托长沙经开区、隆平高科技园区、星马创意产业园。
贵阳临空经济示范区	"一核三板块"的空间布局： ◇ "一核"为空港运营服务核，建设用地 15.6 平方千米，重点保障机场营运和服务发展。 ◇ "三板块"为临空制造及高新技术板块、临空物流板块、临空总部及综合服务板块： ● 临空制造及高新技术板块，建设用地 16.86 平方千米，包括永乐临空制造组团； ● 临空物流板块，建设用地 7.19 平方千米，包括临空综合保税组团和临空物流组团； ● 临空总部及综合服务板块，建设用地 35.25 平方千米，分为贵阳和黔南两个园区，包括临空商务总部组团、旅游休闲组团、办公商贸组团和商务商贸组团。
杭州临空经济示范区	规划形成"一心一轴五区"的总体布局框架： ◇ "一心"：杭州萧山国际机场。以杭州萧山国际机场为核心，强化空港客货运枢纽与综合交通枢纽建设，不断提升机场运营保障能力与服务水平，奠定亚太重要航空枢纽的地位。 ◇ "一轴"：空港经济发展轴。依托机场快速路、地铁 1 号线、地铁 7 号线、沪乍杭城际铁路等交通干线形成空港连接杭州城市中心区的快捷通道和经济纽带，促进沿线区域产业升级和临空经济发展。 ◇ "五区"：航空港区、临空现代服务业区、临空先进制造区、城市功能区、生态功能区。合理引导功能分区和产业专业化集聚，形成环绕空港紧密布局的临空产业集群，带动区域产业结构优化升级，促进产城融合发展。各分区发展导向如下： ● 航空港区，包括杭州萧山国际机场及周边为机场服务的区域，总面积约 23.6 平方千米； ● 临空现代服务业区，分为智慧物流、总部商务两个区块，总面积约 18.7 平方千米； ● 临空先进制造区，分为瓜沥、红垦两个区块，总面积约 12.8 平方千米； ● 城市功能区，分为瓜沥、南阳、靖江三个区块，总面积约 51.1 平方千米； ● 生态功能区，包括航坞山、昭东水乡、钱塘江沿岸及农田等区块，总面积约 36.5 平方千米。

中，有 7 个都处于《中国空港经济区（空港城市发展）指数报告 2019》综合竞争力排名（详见第 4 章）的前十名。

其中，北京、上海、广州位于京津冀、长三角、珠三角三大世界级机场群中心区，除北上广外，成都、重庆也是我国重要的国际航空枢纽，其客货量均居于全国前列。

（2）产业层面上，积极发展高附加值产业。

伴随着新一轮技术革命和国家一系列对产业转型的指导政策的出台，国家临空经济示范区利用"一带一路"倡议和国家自由贸易试验区等政策优势，充分利用自身核心机场的枢纽地位和城市交通便利、产业基础好、对外开放程度高、城市基础设施完善、功能齐全等区位条件，提升航空枢纽开放水平，重点发展科技创新、现代服务、国际贸易等产业，积极布局航空产业、物流电商、先进制造、科技研发等产业，适应经济转型升级的要求，是承接我国对外开放战略的前沿阵地。

（3）经济社会发展层面上，所在区域经济实力雄厚。

已批复的 14 个国家临空经济示范区均位于直辖市、省会城市、计划单列市，发展实力雄厚，其中有 9 个［北京（大兴＋首都）、上海、广州、重庆、成都、武汉、郑州、西安］属于国家中心城市。在 2018 年全国主要城市 GDP 排名中，除西安、贵阳外，其余 12 个示范区所属城市均超过 10000 亿元，位于全国前 20 名，其中有 7 个位于全国前十名（见表 1.3）。此外，经济区内境内铁路、公路、航空、水运承接，综合交通运输体系发达，便于陆空对接，开展多式联运。区域对外开放程度高，外向型经济发展基础好，科创实力雄厚，有良好的工业基础，城市基础设施完善，便于发展高时效、高质量、高附加值的现代产业。

表 1.3　2018 年中国城市 GDP 排名

排名	城市	GDP（亿元）
1	上海	32679
2	北京	30320
3	深圳	24691
4	广州	23000
5	重庆	20363

续表

排名	城市	GDP（亿元）
6	天津	18809
7	苏州	18597
8	成都	15342
9	武汉	14847
10	杭州	13500
11	南京	12820
12	青岛	12561
13	长沙	11527
14	无锡	11438
15	宁波	10745
16	佛山	10550
17	郑州	10200
18	济南	8862
19	泉州	8467
20	南通	8427
21	西安	8349

资料来源：国家统计局和地方统计局。

（4）区域层面上，兼顾内陆地区开发开放需要，但仍表现出区域发展不均衡的趋势。

空港经济区具有促进民航业发展、优化我国经济发展格局、全方位深化对外开放、加快转变经济发展方式的战略意义，尤其对于不沿边不沿海的内陆地区来说，需求更为迫切。在已批复的 14 个国家临空经济示范区中，除了东南沿海发达地区外，也兼顾了我国内陆地区发展需要，共有 6 个临空经济示范区位于中西部，约占据了半壁江山。

站在全国空港经济区发展角度，按照四大经济地区分析，东部地区目前正在建设的空港经济区约有 30 个，其中国家临空经济示范区 9 个。中部地区包含 6 个省份，共规划建设空港经济区 20 个，包括郑州航空港经济综合实验区和长沙临空经济示范区两个国家临空经济示范区。研究发现，湖北省发展空港经济规模和数量领先，武汉临空经济区规划面积超过 1000 平方千米，除此之外，还建设了我国首个货运机场——鄂州机场，黄石、荆州、荆门等地均在积极发展空港经济，提出相应规划。湖南省发展空港经济特色比较鲜明，长沙临空经济示范区在打造综合立体交通枢纽、以空港带动内陆地区对外开放方面形成了具有借鉴意义的经验；而张家界机场作为吞吐量百万级别的中小型机场，另辟蹊径，紧扣旅游产业优势，依托机场打造国际化妆品、国际精品直购超市及高端医学美容中心，对于支线机场如何发展空港经济极具启发意义。东北地区暂时无国家临空示范区，目前已经规划在建空港经济区7个，国家出台东北振兴的一系列政策，可以促进该地区空港经济的发展。西部地区目前由于地理区位因素，对于空港的需求较为明显，且与国家西部大开发政策、"一带一路"建设等相结合，目前已经规划建设空港经济区24个，其中国家临空经济示范区4个，对于西北地区而言，空港经济还存在较大的发展空间，海航、京东物流总部接连落户西安，标志着西北地区赢得了"一带一路"发展先机，借此机遇，新疆、宁夏、甘肃、青海等地应进一步加强空港经济建设，促进内陆地区对外开放，提升区域引领带动作用。

因此，空港经济区目前在全国的布局情况还处于不平衡的状态，东部发达地区空港经济区数量占全国比重超过30%，国家临空经济示范区比例约为50%。

1.2　空港经济区的产业演进

目前空港经济区的产业可以分为三类：第一类是直接与航空运输相关的服务产业，如航空物流业、食品业、维修业等，它们随着机场航空产业链的延伸，而在机场周边形成配套。第二类是利用机场口岸功能和航空货物快速、安全的特殊优势，为对时效性有较高要求且产品具有体积小、重量轻、附加值高的制造业和高新技术产业及创汇农业、花卉业、邮件快递业等提供物流服务。第三类是利用机场的区位优势而延伸发展的总部经济、会展经济、旅游经济、文化娱乐等与航空关联的产业。部分空港经济区特色产业简介如表1.4所示。

表1.4 部分空港经济区特色产业简介

名称	特色产业
郑州航空港经济综合实验区	重点发展具有临空指向性和关联性的高端产业，培育临空高端服务功能和知识创新功能，构筑中原经济区一体化框架下具有明显特色和竞争力的空港产业体系： ◇ 航空物流业：以国际中转物流、航空快递物流、特色产品物流为重点，完善分拨转运、仓储配送、交易展示、加工、信息服务等配套服务功能； ◇ 高端制造业：以航空设备制造及维修、电子信息、生物医药为重点，建设精密机械产品生产基地，规模化发展终端、高端产品，推动周边地区积极发展汽车电子、冷鲜食品、鲜切花等产业； ◇ 现代服务业：大力发展专业会展、电子商务、航空金融、科技研发、高端商贸、总部经济等产业，打造为区域服务的产业创新中心、生产性服务中心和外向型经济发展平台。
北京大兴国际机场临空经济区	规划航空物流区、科技创新区、服务保障区三个组团： ◇ 航空物流区：重点发展航空物流、综合保税、电子商务等产业，打造国际航空物流枢纽； ◇ 科技创新区：重点发展航空工业产品研发、技术创新等产业，建设航空科技孵化设施和服务平台，支持航空可创新创业；吸引航空工业领域知名企业建设技术创新中心，加强航空科技的国际合作，提升我国航空科技领域研发水平，打造我国航空科技创新的重要基地； ◇ 服务保障区：结合大型国际航空枢纽建设需要，配套建设航空运输相关企业的生产生活服务保障系统，适当发展航空科教、特色金融、商务会展等，建设综合服务保障基地。
青岛胶东临空经济示范区	◇ "一核"： 空港发展核，重点发展航空客货运、航空保税物流、航空维修、航空培训等航空核心产业，建设航空公司运营总部和现代国际空港运营中枢。 ◇ "五区"： ● 通航产业区，重点发展公务机与通航运营、飞机整装交付、通航维修、通航培训等产业，打造在东北亚区域具有影响力的高端通航产业基地； ● 航空制造产业区，重点发展航空机电与零部件、飞机内饰件、航空电子仪器等航空关键制造业，配套发展机场专用设备、航空设备维修、航空特种装备、航空模具加工、航空食品精深加工等航空关联产业，发展卫星导航、智能装备、精密机械、3D打印等高端制造业； ● 临空现代服务区，主要发展金融租赁、离岸结算、航运保险、贸易融资等航空金融产业，以及会展、总部、创意、时尚等产业，打造现代空港商务区； ● 航空特色社区，建设面向空港城商务人士和空港高端工作人员居住的国际航空特色社区，承担胶东国际机场和临空经济区拆迁安置，发展居住、综合商贸、特色餐饮、健康养生等产业； ● 临空经济北区，发展航空配套、临空制造等航空偏好型产业。

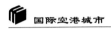
续表

名称	特色产业
重庆临空经济示范区	◇"一核"：临空经济示范核心区，主要依托重庆江北国际机场和中新合作航空产业项目，重点发展航空总部、航空客货运输、航空维修检测与培训、航空展示、航空配餐及航空服务等。 ◇"五区"：临空制造区、临空商务区、临空物流区、临空会展区、临空保税区五个功能片区： • 临空制造区，主要依托前沿科技城、创新经济走廊、空港工业园区，重点发展智能终端、人工智能、智能汽车、新能源汽车等前沿科技产业； • 临空商务区，重点发展具有临空指向性的高附加值现代服务业、城市生活配套服务业，并为驻场航空公司提供生活基地； • 临空物流区，主要依托铁路枢纽东环线及其木耳站、机场支线和木耳物流园，重点发展与航空配套的铁路物流、铁空公联运物流； • 临空会展区，主要依托悦来会展城，重点发展会展及关联产业； • 临空保税区，主要依托保税港区空港功能区，重点发展保税加工、保税贸易和保税仓储。
广州临空经济示范区	大力引进和培育四大产业，包括枢纽机场功能性服务业、国际空港配套性服务业、临空指向高端化制造业、航空相关科技服务业。四大产业具体包括国际客货运输、航空维修、航空用户支援、航空租赁、航空总部、国际商贸商业、空港现代物流、航空制造、生物医药、先进装备制造、未来科技、空间信息技术等。
上海虹桥临空经济示范区	充分发挥临空高效连接性，促进现代服务业集聚发展，重点发展航空服务业、"互联网+生活性服务业"和时尚创意产业，加快发展信息服务业、现代商贸业、会展旅游业、专业服务业和金融服务业等，培育发展物联网、人工智能等新兴产业。 围绕航空产业链，重点发展飞机改装设计、二手飞机交易、航材航油交易、航空运营维护、航空维修保障等航空服务业；积极发展航空培训、技术中介、会计、咨询、法律等配套服务业；支持发展通航服务业。 围绕产融结合，推动发展航材租赁、飞机租赁、航空保险、商业保理、航空基金、跨境结算等航空金融服务业。
成都临空经济示范区	国际航空港重点发展站前商务服务、航空维修服务、72小时过境服务等功能，打造成为空港服务核心区和内陆开放窗口。 临空高端制造产业功能区包含成都高新综合保税区双流园区、高端智能制造区两个区域，其中，成都高新综合保税区双流园区重点发展保税加工制造、国际商品展示贸易、离岸金融、保税检测维修、保税物流等功能，打造成为开放型经济发展的新平台；高端智能制造区重点发展电子信息、高端智能装备制造、生物产业等功能，打造成为参与国际分工的临空高端制造产业集群。 航空物流与口岸贸易功能区重点发展航空保税物流、跨境电子商务、进境指定口岸服务、航空口岸贸易等功能，为空港自贸经济提供重要支撑，建设成为国际自由贸易流通口岸。 临空综合服务功能区包含通用航空产业区、协和公兴片区两个区域。其中，通用航空产业区，重点发展基地航空、公务机FBO、公务机托管、MRO、检测、研发等功能，配套发展商务会议、休闲、高端零售等高端商务服务功能，打造成为彰显通用航空特色主题的商务中心；协和公兴片区，重点发展适宜居住、创业孵化、创新研发、生态休闲等服务功能，打造成集宜居品质、休闲特色为一体的空港创新创业示范区。

续表

名称	特色产业
长沙临空经济示范区	空铁联动发展轴：在空铁交通走廊上拓展会议展览、总部经济、创新创意、现代物流、文化传媒等功能，实现临空临铁经济融合发展； 空港枢纽组团，承接航空运营、空港服务、航空物流、飞机维修、综合保税等主要生产性服务业； 临铁新城组团，依托高铁站、会展中心、电商产业园与浏阳河文化发展带，积极发展商贸会展、文化创意、跨境电商、新型物流等现代产业； 星马创新组团，依托长沙经开区、隆平高科技园区、星马创意产业园，大力发展信息技术、高端装备、精密制造等高新技术产业，影视娱乐、文旅商贸等现代服务业产业，以及以隆平高科为龙头的现代农业科技。
贵阳临空经济示范区	空港运营服务核，主要发展以航空运输、航空总部、航空培训、飞机维修、燃油输配为主的航空服务业； 临空制造及高新技术板块，主要发展以电子信息产品研发制造、现代装备制造等为主的高新技术产业； 临空物流板块，主要发展以航空快递、保税物流、电商物流为主的航空物流产业； 临空总部及综合服务板块，主要发展以总部经济、商务商贸、高端商业、咨询中介为主的临空商务服务业，以旅游集散、文化休闲、会议度假为主的特色优势产业。
杭州临空经济示范区	航空港区重点布局发展航空运输、航空物流、综合保税以及机场发展所需的配套服务功能。完善机场总体布局，在机场南北两侧发展航空设备维修、航空公司办公培训等配套功能，积极培育通航运营服务。 临空现代服务业区：分为智慧物流、总部商务两个板块，智慧物流区块重点布局发展航空快递物流、航空特货物流、保税仓储物流和跨境电子商务产业，强化物流产业集聚优势，引入电商龙头企业和创新企业，打造线上线下一体的跨境电子商务现代物流中心；总部商务区块重点布局发展临空总部经济、临空高端商业、临空会展服务等产业，依托机场客流入口优势，集聚高端商业、商务服务设施，引进国内外航空公司地区总部或运营基地，建设综合交通枢纽。 临空先进制造区：分为瓜沥、红垦两个区块：瓜沥区块重点布局发展航空装备、电子信息、生物医药等临空先进制造业；红垦区块重点布局发展机器人、智能化成套设备等智能制造装备产业，打造产学研一体的智能装备创新创业平台及产业高地。 城市功能区重点布局发展与临空经济发展相关的信息服务、商务金融、科技研发、服务外包、教育培训等生产性服务业以及行政办公、生态居住、现代商贸、文体娱乐等多元化的城市综合服务功能。 生态功能区建设绿色生态屏障，打造钱塘江沿岸景观带，积极发展休闲农业、文化体验与生态旅游。

从我国的临空经济示范区的发展情况来看，综合我国国家临空经济示范区的产业发展，并对全国80个空港经济区的产业规划和发展现状进行统计后，我们发现，目前我国空港经济区产业发展呈现出以下特点：

第一，与航空运输相关的服务产业是各空港经济区发展的主导产业，所有的空港经济区都对此类型产业有所涉及。例如航空物流业已经成为 95% 以上数量的空港经济区发展的主导产业之一，广州空港经济区引入联邦快递亚太转运中心，而中国邮政的转运中心则选址在南京空港经济区。2017 年，顺丰鄂州机场规划历时三年终于尘埃落定，意图打造"中国孟菲斯"引起了各方的关注。这将是一个共赢的发展，也会为鄂州的发展带来重要的机遇，顺丰可以利用高时效性快递服务吸引相关需求产业入驻鄂州，形成空港产业集群；反之鄂州可以为顺丰提供一个高效运转的航空枢纽，帮助顺丰快递拓展航空货运业务。

第二，利用机场口岸功能发展的制造业和相关产业是规划的重点。空港经济区的发展离不开航空运输的支持，利用机场口岸功能和航空货物快速、安全的特殊优势，各个空港经济区均大力发展具有高时效性、产品体积小、重量轻、附加值高的制造业和高新技术产业，这一产业门类所有的空港经济区均有所规划，对于推动空港经济区发展也具有重要的意义。

第三，利用机场区域优势延伸发展的航空关联产业多集中在经济较发达地区。该产业门类主要包括总部经济、会展经济、旅游经济和文化娱乐等。通过研究，东部的所有空港经济区、中部约有一半的空港经济区、西部地区和东北地区的中心城市空港经济区发展了该类产业，与当地经济的结合较为紧密。总部经济是各空港经济区发展航空关联产业的首选方向，而会展经济涉及的空港经济区较少，东部地区目前仅有 7 个，而在中部地区，仅有长沙在空港高铁大区域布局会展经济。

第四，空港经济区主要发展产业与国家战略性新兴产业结合紧密。国家发展改革委发布的《战略性新兴产业重点产品和服务指导目录》，涉及五大领域八个产业。通过与空港经济区发展产业目录相对比发现，空港经济区对于八大新兴产业均不同程度有所涉及，尤其是对信息技术产业、高端装备制造业和相关服务业涉足更深入，与空港经济的特点结合更为紧密，目前，已经有越来越多的新技术产业选择在空港经济区落户生产。以长沙空港经济示范区为例，目前已经与移动互联网、北斗导航等产业紧密联动。广州空港经济示范区发布的《重点产业指导目录》（2019 版）明确提出发展高新技术产业，包括计算机视觉，大数据、物联网、云计算及其他软件开发，医学影像设备及其他医学检验检测设备、康复设备等高性能医疗器械的研发及生产等多个方面。

1.3　存在的问题与不足

1.3.1　高端产业规模还比较小

在空港经济发展的成熟阶段，机场航线网络的扩张、枢纽机场地位的确立以及腹地经济的快速发展会促使空港经济产业结构不断完善，表现为航空制造业呈现聚集效应，现代服务业取得显著发展，空港高新技术产业成为产业链的主导环节，促使空港经济对区域经济的带动作用加大，成为区域经济增长点。我国较多空港经济区在规划时均进行了高端产业发展内容的制定，但是由于起步较晚，产业级别还较低，与航空货运相关的通信、医药和食品等新兴产业份额较小。空港经济中具有带动作用的电子、医药等高新技术产业已经在逐步布局，但规模尚小，高附加值产品较少，无法有力地支撑航空货运市场增长。

1.3.2　城市服务功能不强

目前，国际上形成了航空物流强势发展的孟菲斯模式、爱尔兰香农国际航空港自由贸易区模式、物流商务并重发展的法兰克福模式、以休闲产业为主的韩国仁川模式、多元化综合性发展的荷兰史基浦模式和购物天堂的迪拜模式。以上这些空港经济区已经形成了空地一体、港城一体、港域一体的发展格局，在中国目前的空港经济区发展过程中，更多地重视了机场周边与机场相关联的产业发展，但是公共服务体系、高效基础设施等城市功能一般相对滞后，对于空港经济区的进一步发展产生了一定的阻力。

1.3.3　支线机场发展空港经济区尚需继续探索

支线机场所在城市往往是省份内经济比较发达的中小城市和旅游城市，或经济欠发达且地面交通不便的偏远城市。这类机场航线少、吞吐量低，航线多为本省份航线或邻近省份支线，并且当地经济实力和规模较小，发展空港经济的道路

仍需继续探索，张家界机场聚焦国际旅游消费的发展模式可以提供一定的借鉴。

1.4 中国空港城市的发展趋势

1.4.1 开发建设标准普遍高于所在主城区

当前空港城市的规划水准和开发建设标准普遍高于所在城市，尤其是在国际化、人文化、生态化、智慧化发展方面，大多均提出了明确的要求和较高的水准，已经逐渐成为代表我国城市规划建设最新理念的区域。

1.4.2 空港产业发展直接融入世界分工体系

随着全球产业结构的高级化，工序的可分性增强，国家之间开始利用各自的资源禀赋和优势对产业链进行分工，以降低产品成本。产业链从原来的不同梯度国家在某一产业上依次起步、此消彼长的"雁形"发展模式，转变为各个国家在同一产品不同工序上几乎同时起步和联动的"龙形"发展模式，国际产业链由原来的垂直或水平转移模式向同一产品内部各工序之间的分工模式演化。过去传统的承接先进地区产业转移的模式已经不适用于空港经济区的招商引资。空港经济区借助连通世界的交通和资源禀赋优势，直接参与世界分工，可直接为当地导入高价值产业资源。

1.4.3 历史原因形成的功能错配正在合理回归

由于沿袭计划经济时代的管理体制，我国民航系统的管理往往成为"独立王国"，机场的规划、基础设施、城市配套往往独立于所在城市的整体规划中，不能很好地衔接。机场的管理大多由省级国资的机场集团管理，机场集团相较于当地政府往往更为强势。机场集团在发展中仅考虑满足机场的运输功能发展，对于服务空港经济发展缺乏通盘考虑，存在机场功能与空港经济功能之间的割裂。因此，各大城市在会展、总部、临空偏好型制造业等产业空间布局上，大多未考虑在机场周边布局，这样既不利于相关产业的发展，同时也影响了空港功能的发挥。近年来，随着各大城市对空港经济发展规律认识的加深和新型城镇化的发展，在新一轮的城市规划中，北京、上海、深圳、成都等地均主动将有关功能向空港区域聚集。

1.4.4　以产兴城正在向以城聚产模式转变

传统产业园区的发展"重产业发展轻人居打造""重工业制造轻服务塑造""重土地开发轻氛围营造"，导致产业园区人居环境缺失、商业服务业发展落后、创业氛围显著不足，人本主义严重缺乏。当前，代表未来发展趋势的"新经济"呈现出更加依赖高素质人才资源投入的特点。为吸引高素质人才就业创业，必须更加注重办公环境、城市配套和文化氛围的营造，打造生态、智慧、宜居的城市环境成为招商引资的核心竞争力，过去传统的产业园发展模式已经不能适应新经济的发展要求，"先招商再造城"的发展模式已经很难对新经济产生吸引力。在新的经济形势下，亟须园区从"租赁型""卖地型"向"管理型""投资型"转变，由单纯的土地运营向综合的"产业开发"和"氛围培育"转变。通过产业与城市融合发展，以城市为基础，承载产业空间和发展产业经济，以产业为保障，驱动城市更新和完善服务配套，以达到产业、城市、人之间有活力、持续向上发展的模式。

第2章　空港经济宏观发展形势

2.1　空港经济区的概念与特征

交通可以改变一个城市的区位禀赋，决定着城市的兴衰。一个时代的交通方式对这个时代的经济模式和城市发展模式有着根本性的影响，其所处区位即与外部联系沟通的方式影响着区域发展状况。随着科技的进步，人类交往与交通方式对城市的发展起到越来越重要的作用。综观近代以来国际大都市的发展历程，"交通—产业—城市化"存在密切关联，至今共经历了五个历史时代，即海洋运输时代、内河运输时代、铁路运输时代、公路运输时代和航空运输时代。

近半个世纪以来，随着全球经济一体化和国际交通运输结构的重大变化，航空运输和航空业在国际分工和贸易中发挥着越来越重要的作用，航空业快速发展，产生了许多区域性和国际性的航空枢纽。大型航空枢纽突破了原有单一的运输功能，具有巨大的经济辐射力，与所在城市的结合越来越紧密，给产业、区域和城市发展带来了重大影响，并逐渐形成了一些集国内航空运输、物流服务、仓储加工、航空产业、国际贸易、海关保税、会议展览、旅游娱乐、生活居住、商贸购物、文化教育等功能于一体的综合性都市区。

进入 21 世纪以来，空港经济在区域经济发展中的作用越发重要。空港已不再是一个只上下飞机的地方，而是一种汇集客流、物流，集咨询、产业、休闲、商务、居住等城市集群功能于一体的新兴业态。甚至有人认为，空港经济将成为21 世纪城市经济的发动机和经济全球化竞争的决战场。以时间、通信技术与全球化为基础的速度经济与即时经济成为 21 世纪的主流经济，航空交通的快速性与即时性将成为新经济发展的依托。国内外众多的成功经验也表明，将现代工业与现代服务业有机结合的空港经济，应该是未来全球化进程中城市经济竞争的焦点。

2.1.1　空港经济区的概念

从世界范围来看，空港城市的概念起源于 20 世纪的欧洲。1959 年，爱尔兰成立了香农国际航空港自由贸易区，标志着全球第一个空港经济区诞生。半个多世纪以来，许多国家和地区把大型空港所在地区开发为对外开放的核心地区，以此来争取区域竞争和全球化竞争的主动权，先后诞生了荷兰的史基浦机场、韩国的仁川机场、新加坡的樟宜机场、中国的香港机场等。这些地区的空港经济发展已较为成熟，尤其是以仁川机场为核心的仁川经济自由区，被韩国政府指定为全球化商业前哨基地，目前已形成商务与金融、物流、尖端产业、医疗、生物科技、教育和文化旅游等多个产业的聚集区。在我国，近几年已有 67 个城市规划了 80 个空港经济区，先后涌现出了如郑州航空港经济区、北京顺义空港经济区、广州空港经济区、上海浦东空港经济区等全国知名空港区。目前，以空港城市为战略支点发展外向型经济已成为大势所趋。

目前，不同学者对空港城市的内涵界定不尽相同。在 McKinley Conway（1965）首次提出空港经济的概念后，学界对此的关注度日益提高。John Kassard（1999）在研究人类历史上不同的运输方式基础上，提出了第五波理论，认为航空运输是继海运、天然运河、铁路和公路运输之后对区域经济发展的第五冲击波，它会逐渐成为地区经济发展的增长极。该观点已被学术界广为接受，随着人们认识的不断深入，对空港城市的认识也趋于明晰，目前学术界主要形成了以下三种认识：

第一种认识，空港经济是后工业时代的新型经济模式。这种观点认为空港经济是通过依托大型枢纽机场的综合优势，发展具有航空指向性的产业集群，从而对机场周边地区的产业产生直接或间接的经济影响，促使资本、技术、人力等生

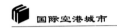

产要素在机场周边集聚的一种新型经济形态，是一种具有现代服务业特征与新经济时代特征的新型产业。

第二种认识，空港经济区是一个空港产业集聚空间。这种观点认为空港经济是以机场为核心、依托机场对经济资源要素产生的空间集聚效应，从而在机场周边地区形成的以航空物流、人流所衍生的产业集群为主体的功能区，该区域正逐步演化成空港运营区、空港紧邻区、沿空港交通走廊地区和空港辐射圈层分布的综合性经济区域。

第三种认识，空港城市是空港经济区的高级阶段发展形式。空港城市是空港经济区发展到高级阶段而形成的航空城市和航空大都市，是一种以国际枢纽机场为依托，通过空中通道和信息化通道与世界重要经济区取得密切联系，以重点发展客货运输、仓储加工、综合贸易、商业服务、会议展览等空港产业为特色的综合性新型门户城市。空港城市的建设和发展旨在最大限度地利用全球范围内的资源，使机场周边发展成为本地经济的核心和全球经济产业链的一个重要节点，使其在新的国际分工体系中占据有利地位。在全球经济一体化和电子信息革命背景下，经济对时间的要求越来越高，速度经济的重要性日益显现，许多国家和地区已经从战略高度上认识到大力推进空港经济发展和发展空港城市的必要性，将它作为提升国家、区域、城市竞争力的重要战略手段。

由以上分析可以看出，空港经济区的概念包含三个层次的含义：第一，具有经济的概念，是一种新的经济模式。由于机场对周边地区产生的直接或间接的经济影响，出现资金、技术和劳动力的聚集，从而产生了具有集聚效应和扩散效应的新经济形态。第二，具有产业的概念，空港经济区涉及一系列以发展空港产业为核心的相关产业，包括先导产业（运输业、民航综合服务业）和相关产业（配套服务、传统的制造业、物流配送、商务餐饮、住宅开发和高新技术企业等）。第三，具有地理的概念，空港经济区以机场为地理中心，沿交通沿线向外发散式扩张。从城市规划的角度来看，空港经济区以机场为地理中心，沿交通沿线向外发散式扩张。从城市规划的角度来看，空港经济区的概念是建立在枢纽机场和新城规划的基础之上的。

2.1.2　空港经济区的特征

综观现有文献,多数研究集中在空港经济的区域发展效应与产业布局等方面,也有一些文献分析了空港经济的形成机理(曹允春,2009;管驰明,2008),但目前有关空港经济的产生及特征的文献仍较少。空港经济区以空港经济为基础,当空港经济发展到一定数量和程度并通过自组织机制相互紧密联系就形成了所谓的空港经济区,因此可以说,空港经济区是空港经济在空间上的体现。从产业角度而言,空港经济区是航空运输服务产业及航空运输相关产业的空间经济组织形式。主要有以下特征:

第一,区域特定性。空港经济区必须以大型枢纽机场为依托,在地理空间上覆盖机场运营核心区域及周边地区,否则“空港”经济区就无从谈起。

第二,空间结构多层次性。空港经济区在空间上大多表现为廊道式和圈层式相结合的特点。一方面,机场通过放射状的道路交通系统与主城和其他城镇相连,相关产业通常会沿道路呈廊道式分布;另一方面,不同的相关产业对运输条件要求不同,通常会围绕机场运营地区形成同心圆式的圈层结构分布。可以依据距离机场远近把空港经济区分为四个区,即空港核心区(机场周边 1 千米范围内)、紧邻空港区(机场周边 1 千米 ~ 5 千米范围内)、空港相邻地区(机场周边 5 千米 ~ 10 千米范围内,或在空港交通走廊沿线 15 分钟车程范围内)和外围辐射区(机场周边 10 千米 ~ 15 千米范围内)。

第三,产业选择性。空港经济区并不适合所有产业在此布局。综观国内外空港产业发展的情况,空港核心区的产业重点是基础设施产业,如飞机后勤维修服务、燃油供应、航空食品业、旅客服务、航空货运服务、停车场服务等服务项目;紧邻空港区重点发展临空区配套产业,包括飞机零件制造以及与之有关的咨询、培训、航空公司的行政总部、航空物流业等;空港相邻地区主要发展高新技术产业,如生物工艺、生物制药、计算机、信息技术、仪器、微电子等制造及研发中心等和现代服务业,包括现代物流、公共仓储、通信服务、电子商务、金融保险、信息咨询、资产评估、会计审计、生活服务、商业贸易、餐饮酒店、会展旅游、教育培训、医疗卫生等;而在外围辐射区,可以布局高端房地产业等。

2.2 空港经济区形成的时代背景

国际航空之父约翰·卡萨达（John D. Kasarda）曾经说过，在速度经济时代，城市的机场正升华成为机场的城市。从 20 世纪 60 年代美国航空专家麦金利·康维最早提出"空港综合体"的概念，到 21 世纪初的"航空都市区""空港都市区""航空城"，再到如今大力发展的空港经济区，机场正在经历远离城市、紧跟城市到最后变成城市的模式蜕变。以枢纽机场为支点撬动片区发展，调整优化城市空间布局，成为城市多中心发展的新极核。

2.2.1 机场角色发生转变

湾区经济是区域经济发展的高级形态，纽约湾区、旧金山湾区、东京湾区等世界上著名的湾区，均为所在国家经济活动和人口密集的区域。根据世界银行的数据显示，世界 60% 的大城市坐落在湾区，湾区占世界经济总量的 75%。

湾区的形成是海洋文明演变的成果，但是当前人类已经进入了航空时代，重量轻、价值高的新经济、新产业、新产品逐渐成为主流，当前全球航空货运量大约只占全球货物贸易量的 0.5%，但是航空货运的货值约占全球贸易货值的 36%。可以说，未来对外交往、资源聚集的平台将从传统的海港逐渐让位于空港，今后的湾区建设必须把空港作为经济活动的重要中心。

全球化时代，机场的角色发生了重大转变。一直以来，航空运输作为速度最快、效率最高、时间最短的长距离运输方式，在全球商务、贸易、交流等活动中发挥着不可替代的作用。彼时的机场作为城市的交通基础设施，实用价值占据主导地位。随着高铁等运输方式的日益多元化，特别是信息技术、医养健康、高科技、新材料等新兴产业快速兴起，推动产品向更轻、更薄、更小、更环保等高附加值方向发展，相关的人流、信息流、技术流、资金流逐渐向机场及周边地区集聚，机场及其周边区域正日益演化成一个现代经济活动高度集中的区域，并推动区域经济与航空运输相互融合，形成了空港经济这一新型经济形态，国内外一大批空港经济区得以快速发展。

机场从传统交通运输枢纽向全球生产制造、商业贸易、文化交流的重要节点转型，机场及其周边地区也成为经济发展的高能地带，带动城市与区域经济迎来新的发展契机。

空港城市是一个国家或区域经济发展达到一定水平、一定阶段的产物。伴随社会经济进入航空交通运输时代，围绕航空机场引致空港人口和空港产业集聚，逐渐形成规模可观的空港经济，最后发展成为以空港为中心的空港城市。

2.2.2 空港经济已进入由第三代向更高层次的第四代过渡阶段

当区域经济规模不断扩张，人口规模和产业规模不断扩大，形成了广阔的经济腹地，促进了新机场的建设。新机场建设直接引起与时间和速度相关的产业和衍生产业开始集聚布局在新机场空间半径内。当空港经济形成后，机场发展带来的货运物流和客运物流催化空港产业集聚，另外，新兴产业特点带动高新技术产业和现代制造业在机场周边集聚，此内源性动力和外源性动力协调发力，促进空港经济的快速发展。在空港经济成熟阶段，以航空客运和货运为核心，通过产业前向关联和后向关联形成若干产业集群。在整个过程中，政府的制度安排和政策鼓励发挥着重要作用。伴随空港经济不断走向成熟，与城市功能不断匹配，空港经济区逐渐成为产城融合、宜居宜业的集生活、就业和休闲娱乐为一体的新空间，最终发生到空港城市的质变（见图2.1）。

从空港经济演变历程看，空港经济呈现出高端化特点，构成了空港经济的四代发展阶段。第一代空港经济区，是以空运为主的航空初级经济区，以空港为经济形态。在这一阶段，主要为客流运输，并产生了部分航空物流和包括机务维修、航油航材供应、地面运输、地勤服务等在内的航空服务业。第二代空港经济区，航空货运引导功能展现，空港指向性强的空港型制造业加快集聚。在这一阶段，空港工业园区大量集聚，以航空服务业和空港产业区为核心的空港经济城市开始形成。第三代空港经济区随航空运输时代的来临而形成，主要特征是客运、货运并重，形成集客货流集结疏散、娱乐购物、休闲会客等功能为一体的多元化空港。第四代空港经济区的形成伴随着全球化和信息革命国际化和智慧化程度的提高，能同时汇集大量的客流、货流、资金流、信息流，衍生产业高度发达，与都

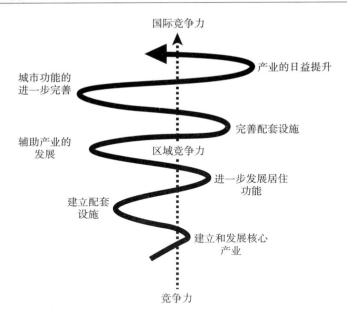

图 2.1　航空城发展示意图

市其他产业融合发展，成为全球经济的重要枢纽节点和全球分工的重要融合器。目前，世界比较成熟的空港经济已开始由第三代向更高层次的第四代过渡（见图2.2）。

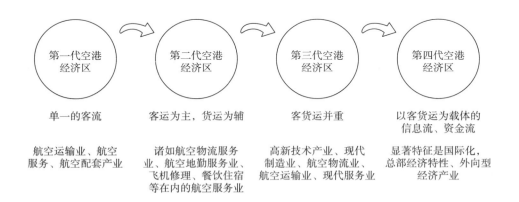

图 2.2　空港经济区演变示意图

2.2.3　经济发展进入新经济时代

新经济是指在经济全球化背景下，信息技术（IT）革命以及由信息技术革命带动的、以高新科技产业为龙头的经济。新经济是信息化带来的经济文化成果。新经济具有低失业、低通货膨胀、低财政赤字、高增长的特点。通俗地讲，新经济就是我们一直追求的"持续、快速、健康"发展的经济。

移动互联网和物联网的飞速发展给人类的生产生活方式带来了全面革新，让人类实现了多媒体、多元化信息在全球范围内的即时性交流。尤其是现代物联网的发展，把信息交流与物质交换高度融合，实现了以空港为核心的立体综合交通网络和信息互联网的互联互通，人类生产生活空间无论是从深度上、广度上和维度上都大大拓展，人类已经真正进入了"多维空间"，也就是"大空间"时代，其有以下五大特征：

一是要素流动快速化。依托航空运输形成的综合立体交通枢纽，产品与市场之间的反馈速度将会越来越快，商品的生命周期将会越来越短，产品的改进升级将会越来越频繁，供给与需求之间的良性反馈机制，将会把人类的消费生活体验提升到前所未有的高度。

二是经济利润长尾化。随着边际成本不断降低，小批量、个性化的产品生产在大空间时代将得到极大发展，这种差异化的消费得到生产商的充分关注，企业通过抓住"尾部"的方式将获得可观利润。

三是产业结构高端化。随着快速流通网络的不断完善和提升，全球共同市场逐步形成，经济组织的时间成本和交流成本将会越来越低，促使高附加值产品和服务经济占据越来越高的份额，虚拟化的知识产品和创意商品的规模将会不断扩大，人类将彻底进入后工业化时代。

四是经济社会全息化。进入大空间时代，经济社会的信息可以在时间维度上进行纵向累积，在空间维度上进行横向记录，供求信息高度智能化与透明化，消费者可以参与生产者的生产决策过程，将对传统的业务流程和形态产生革命性变化。

五是全球发展均衡化。在"大空间"时代，任何一个具有空港功能和信息节点功能的区域都能够凭借自己的比较优势，充分参与世界分工，产业链从原来的不同梯度国家在某一产业上依次起步、此消彼长的"雁形"发展模式，转变为各国在同一产品的不同工序上几乎同时起步和联动的"龙形"发展模式，这使世界上广袤的内陆地区摆脱以往的区位劣势，与沿海地区站在同一起点上，全球发展呈现均衡化态势。

与过去的海港和铁路时代相比，空港将社会经济活动在时间和空间双重维度上拉伸，大力促进制造业、外贸业、金融业和服务业等传统产业转型升级，商业活动呈现出更多的交互性和去中心化的趋势，改变了传统企业规模报酬递减的生产函数，扩大了生产可能性边界和经济活动边界。

依托空港形成的空港经济区，正在成为新经济资源的聚集和交换中心，成为带动所在城市转型发展的重要功能平台，同时也孕育发展成为最新的城市形态——国际空港城市。以空港为主要节点的全球物流网和以移动互联网为重要特征的全球信息网，在空港城市实现互联互通，聚集大量客流、物流、信息流和资金流，成为培育新动能、孕育新经济、推动新发展的重要引擎。国际空港城市已经逐渐成为在"大空间"时代进行战略布局的重要支点。

许多地区将空港与自贸区、保税区等功能充分融合，使空港成为开放资源、创新资源、人才资源和国际元素富集的区域，推动智慧物流、数字经济、人工智能、新金融等新经济蓬勃发展，无论是固定资产投资、税收，还是 GDP 增长，都普遍高于所在城市的平均水平，空港经济区正在成为所在城市的发展新引擎和创新中心。空港经济区在加快地区城市化、促进城市群的发展和形成、提升区域发展环境、带动经济增长和周边土地增值、提供就业机会等方面发挥着更加突出的作用，极大地激发了社会经济发展活力，促进了科技革新和劳动生产率的提升，为世界经济早日摆脱"新平庸"提供了重要的助力。

2.2.4 "城市群"焕发区域竞争优势

"城市群"就是有一个核心城市，然后向外拓展，将周边的城市联合起来，通过发达的交通、通信等基础设施网络形成一个空间组织紧凑、经济联系紧密，并且最终实现高度的同城化和一体化的城市群体。

当今世界，最具区域竞争优势的地区往往呈现"城市群"的特征。城市群对航空运输和航空活动需求旺盛，不同功能、不同规模的机场有机地分布于城市群中的各个区域，支撑着城市群不同需求的各类活动，世界级机场群总是与城市群相伴相生。因此，打造世界级的机场群必然成为区域协同发展的重要战略目标。建设空港城市能最大限度地满足世界级城市群的交通需求，为在世界范围内集聚高端生产要素、提升区域竞争力创造条件。

2.3   空港经济区形成的原因

2.3.1   空港经济本身是社会经济一定历史发展阶段的产物

如果一个地区或城市社会经济发展水平较低，尚未有机场建设，或者机场规模过小，飞行航线稀少，空港经济这种新的经济形态就不可能出现。当区域经济规模不断扩张，新兴城市不断崛起，人口规模和产业规模不断扩大，形成了较为广阔的经济腹地，与其他城市和地区的经济文化交流越发频繁、越发重要时，建设新机场和开通新航线的必要性就显得日益突出。在这一阶段，虽然空港经济尚待形成，但随着新机场的建设，就给相关产业和企业提供了一个新的市场信号，将直接影响产业的布局和企业的选址。当企业开始逐渐围绕机场周边设立工厂、仓库、物流中心、商贸中心、服务业等不动产和投资固定资产，与时间和速度相关的产业和衍生产业开始集聚布局在新机场空间半径内，空港经济就处于孕育阶段。

2.3.2   当空港经济形成之后，内源性动力和外源性动力促进其快速发展

内源性动力源于机场本身的发展状况。机场发展速度快，区域性地位提升较快，机场就可能从支线机场向枢纽机场发展，货运物流和客运客流增长快速将催化企业选址决策和产业集聚，从而出现空港经济的快速发展。如此一来，基于时间的竞争优势应运而生。时间竞争和速度竞争的核心就在于缩短从产品开发、加工制造到销售配送等的时间，从而赢得竞争优势，使新产品更早进入市场，赢取更多的市场份额，大大降低产品生产及上市周期长所带来的时间成本。基于时间

成本的区位选择机制会导致决策主体（企业）的区位偏好以机场周边为主，也就是空港指向。

外源性动力是促进空港经济成长的重要因素。新兴产业的兴起，对航空运输需求加大。随着城市化向郊区扩展，城市外围的快速交通环线体系不断完善，促进城市边缘地区发展，使位于城市边缘的机场地区发展潜力变大，企业进一步向机场地区聚集，大量企业聚集于空港经济区促使产业结构调整和产业结构优化升级，传统制造业得到改造，高新技术产业和现代制造业不断涌现。高科技产品具有体积小、重量轻、单位产品承担运费高、生命周期短等特点，特别适合航空运输，这就决定了高新技术产业和现代制造业对航空运输依赖性较强、需求较大，从而促进空港经济成长。

2.3.3　在空港经济成熟阶段，空港经济区内形成若干产业集群

在航空运输产业集群中，航空客运和货运是核心产业，通过产业后向关联，吸引航油、航材、机务维修、航空制造、航空食品等产业在空港经济区聚集，通过产业前向关联，为其他产业提供航空客运和货运服务，促使高新技术产业、现代制造业、部分传统制造业、生物工程、总部经济等产业向空港经济区聚集，形成以航空运输业为核心，规模宏大的航空运输产业集群。在大的产业集群下面，存在若干个子产业集群，例如，对于核心芯片产业来说，其通过产业后向关联和产业前向关联，吸引生产与之配套的零部件产业、芯片研发设计产业、电子信息产业在空港经济区聚集，通过产业旁侧关联，吸引辅助性产业也向空港经济区聚集，如此就形成以核心芯片产业为中心，由零部件和研发设计服务等专业化投入的供应商和核心芯片使用商构成的产业群落。因此，通过产业间的关联，最终形成航空运输产业集群、高新技术产业集群、现代制造产业集群、航空制造产业集群、现代物流产业集群、生物园艺产业集群，群簇式产业集群得以形成。产业集群形成后，在外部规模经济和外部范围经济作用下，企业的生产成本和交易成本大规模降低，从而提高了空港产业的整体效率，促进了空港经济的发展。

2.3.4　政府的制度安排与政策鼓励

为了促进空港经济长期健康发展，政府对空港经济进行干预，制订长期统一

发展规划，设计促进空港经济发展的制度安排，促使空港经济步入航空城开发阶段，并使之成为最有利于发挥增长极作用的阶段。在政府制订的空港经济区发展规划的指引下，空港产业按空间布局结构规划进行梯度向外扩散。由于服务对象、运输方式等特点，航空运输业和航空服务业在空港区以及紧邻空港区布局：距离空港近的区域，土地价格昂贵，但考虑到运输成本，企业区位不能距离机场太远，因此，空港指向性较强的产业，如高新技术产业、现代制造业等，将其区位选择在距离机场较远的紧邻空港区和空港相邻区；现代服务业、消费服务业、公益性服务业布局于空港经济区的外围，以降低其土地成本，同时又能为空港指向性产业提供相应的服务。空港产业除了空港指向性产业外，还吸纳为空港产业及其职员提供生产、生活服务的辅助性产业，包括现代服务业，如信息、金融、会展、现代物流、法律服务；生活服务业，如商品零售、旅游、房地产、餐饮、娱乐休闲等；公益性服务业，如基础教育、培训、医疗保健、市政管理等。空港产业和辅助产业的协调发展，使空港经济区成为拥有主导产业、配套产业的基础产业功能完善、空间布局合理的航空城市。

2.4　空港经济区发展环境

2.4.1　政策环境

2.4.1.1　空港经济区发展上升为国家战略

2013年3月，国内首个国家临空经济示范区——郑州航空港经济综合实验区横空出世。自2015年7月国家发展改革委、民航局联合发布《关于临空经济示范区建设发展的指导意见》起，截至2019年底，国务院、国家发改委、民航总局先后批复郑州、青岛、成都、重庆、北京（大兴＋首都）、上海、广州、长沙、贵阳、杭州、宁波、西安、南京14个国家临空经济示范区。2019年，国家民航局加快推进国际航空枢纽建设，正在编制西安、北京双枢纽战略规划，出台了《民航局关于促进航空物流业发展的指导意见》。

2017 年 2 月 23 日下午，习近平总书记考察了北京新机场建设，强调新机场是首都的重大标志性工程，是国家发展一个新的动力源，这是第一次把新机场作用上升到国家新的动力源高度。2019 年 9 月 25 日，在出席北京大兴国际机场投运仪式时，韩正副总理又明确提出"将北京大兴国际机场打造成国际航空枢纽建设运营新标杆、世界一流便捷高效新国门、京津冀协同发展新引擎"。包括《粤港澳大湾区规划纲要》提出要"建设世界级机场群"，《中国（上海）自由贸易试验区临港新片区总体方案》提出要"建设高能级全球航运枢纽"，国家三大城市群发展规划中都将空港经济区发展摆在更加重要的位置，与海港、河港、铁路港等传统港口及其经济形态相比，空港及空港经济区的开发平台地位正在快速提升。

新机场是国家发展一个新的动力源，就是要将新机场打造成为世界交通重要的枢纽，以北京新机场带动京津冀的开放，坚持统筹国际、国内"两个市场、两种资源"，开通更多航线航班，积极助力国家"一带一路"倡议实施，让中国成为引领世界发展的主要力量。新机场的建成将促进中国与国际的接轨，通过吸引国际组织、企业总部、金融机构、物流企业及具有重大影响力的论坛入驻，积极参与全球经济治理，成为世界政治、金融、科技、人才枢纽，为持续稳定的经济发展增添新的外部动力。

党的十九大提出区域协调发展、形成全面开放新格局等建设现代化经济体系的六大任务，提出要推动形成全面开放新格局，推进包括空中在内的全方位开放，指出"坚持引进来和走出去并重，遵循共商共建共享原则，加强创新能力开放合作，形成陆海内外联动、东西双向互济的开放格局""赋予自由贸易试验区更大改革自主权，探索建设自由贸易港"等开放新举措。空港经济区以枢纽国际机场为核心，是区域城市对外开放的"核心门户"，是建设自由贸易港的重要功能区之一，承担着国家全面开放的发展重任。

2017 年 2 月 15 日，《中国民用航空发展第十三个五年规划》发布，明确指出要发展和建设临空经济："鼓励引导临空经济区发展"，"鼓励地方政府在业务规模较大的机场周边规划设立临空经济区，引导各临空经济区差异化发展。在'机场—产业—城镇'一体化协调发展方面先试先行。对临空经济区实行分类指导，突出特色，发挥示范效应和引领带动作用"，这表明在国家层面已经从"空港"及空港经济的角度认识民航事业发展，将对未来港城一体、港城融合起到重要促进作用。

以上各项讲话和政策的发布，标志着空港经济区发展上升为国家战略。在优化开放布局、促进内陆地区扩大开放、推动高水平产业开放、建设自由贸易港等方面，空港具有独特优势，将会在未来赢得更大的发展机遇。

2.4.1.2　地方政府高度重视空港经济发展

随着各级政府对空港经济区发展重要性的认识不断加深，从国家各部委到地方政府，逐渐加大对空港经济区发展政策的支持力度。截至 2020 年 1 月，全国 32 个省（自治区、直辖市）均已明确提出空港经济区发展的相关指导意见，各省份已经明确规划并进行建设的空港经济区有 80 个，其中，全国客运量超过 1000 万人次的 37 个机场均已规划建设空港经济区。北京、成都等多个城市已经规划建立第二机场，成都、大连等多个城市在机场建设之时已同步建成空港经济区，北京大兴国际机场还将全面启动空港经济区起步区开发建设，鄂州、重庆等地重点发展货运专用机场，呼和浩特新机场、陕西西安咸阳机场、连云港民用机场启动新建和扩建工程。来自民航工作会议的数据显示，2018 年全国机场建设完成固定资产投资 810 亿元，新建、迁建运输机场 9 个，新增跑道 6 条、停机位 305 个、航站楼面积 133.1 万平方米，运输机场总数达到 235 个。

据不完全统计，昆明、三亚、武汉、厦门等不少于 30 个城市正在全力申报国家临空经济区，热情十分高涨。在 2019 年新批准的六个自由贸易试验区中，河北、山东等多地都将空港区域纳入自贸区范围，体现出各地对空港经济区发展越来越重视。这表明临空经济示范区对城市及区域经济的推动力有目共睹，其在加速区域经济一体化、城市转型升级、产业创新发展、促进产城融合、区域开放发展等方面的优势越加突出，成为推动城市和区域经济发展的强大引擎动力。

2.4.2　经济环境

2.4.2.1　全球经济进入"新平庸"

所谓"新平庸"，是借用了国际货币基金组织（IMF）总裁拉加德对近期全球经济形势的一个概括，意即全球经济增长整体仍未摆脱疲弱态势，较低的增长率伴随着较高的失业率。所谓"大分化"，是指在整体低迷的复苏形势下，主要经济体之间冷热不均，分化显著。拉加德预言世界经济将面临长期低增长的复苏态势，增长乏力、动能缺失成为世界普遍的共性问题。那么如何带动科技进步、产业革新和全球分工进入新的快车道，将全球经济从新平庸拉进新纪元，空港经济作为引领和撬动新一轮产业转型升级的增长点，能为我们提供重要的答案。

2.4.2.2　中国经济进入新常态

党的十八大以来，以习近平同志为核心的党中央从世界经济发展长周期和国内外经济发展形势出发，综合分析我国经济社会发展的阶段性特征和诸多结构性变化，做出经济发展进入新常态的重大判断。在经济新常态下，后发优势的内涵、供给和需求条件发生变化，经济结构和增长动力等也将相应转变。从增长动力看，由主要依靠物质资本积累向更多依靠人力资本和知识资本积累转变，由主要依靠投资向更多依靠全要素生产率提高转变；从比较优势看，由主要依靠初级资源向更多依靠技术、资本、管理等高级资源转变；从政府角色看，由直接参与经济活动向注重培育、优化经济环境转变。我国经济正在和即将发生的变化，表明追赶进程将迈向更高阶段，既是从高速增长阶段向中高速增长阶段的转变，也是从数量扩张型增长阶段向质量提升型增长阶段的转变。中国经济面临转型压力，进入从"引进来"迈入"引进来与走出去相结合"的国际开放新阶段，从中国制造到中国创造再到中国智造的发展阶段。

2.4.2.3　空港经济聚集资源作用凸显

全球产业链、价值链、供应链、服务链均面临重组，国际和国内对于跨境贸易的依赖度逐步提升，这一系列的原因导致空港经济逐渐被各国政府认可并出台政策予以支持。

世界上许多机场特别是大型国际枢纽机场周边，都吸引了大量高科技产业、现代制造业和现代服务业聚集，并且产生了经济社会发展中的人流、物流、资金流、技术流、信息流等优势资源，以机场为纽带，形成了带动力和辐射力极强的"空港经济区"，成为国家和区域经济增长的发动机。以河南省为例，2010年河南省委、省政府统筹谋划建立了郑州航空港经济综合实验区。2018年，航空港实验区地区生产总值突破800亿元，达到800.2亿元，同比增长12%，分别高于全省、全市 4.4 个、3.9 个百分点，增速排名全市第一。电子信息业产值突破 3000 亿元，达到 3084.2 亿元。外贸进出口总额突破 500 亿美元，达到 527 亿美元。跨境电商业务单量突破 2000 万单，达到 2114.4 万单，全市占比由 2016 年的 3.28% 提升至 2018 年的 21.8%，比重三年提高 5.6 倍。规模以上工业增加值增长 11.7%，分别高于全省、全市 4.5 个、4.9 个百分点。一般公共预算收入完成 42.4 亿元，同比增长 16.8%，分别高于全省、全市 6.3 个、7.8 个百分点，增速全市排名第一。客货运规模继续保持中部地区"双第一"，客运达到 2733.5 万人次，其中国际旅客达到 171.5 万人次；货运达到 51.5 万吨，进出口货物达到 32.92 万吨。

依托枢纽机场的客、货流核心要素资源，汇聚"人流、物流、资金流、信息流"等产业发展的必备要素，空港经济区适宜率先发展航空制造业、航空运输业、航空物流业等航空关联性强的产业，同时以机场导向型产业为主，发展国际商务、国际贸易、总部经济、展会展览等现代服务业。

在此基础上，将本地基础优势产业与航空优势相结合，如旅游城市重新组织旅游线路，提供优质旅游服务。最终使空港经济区成为研发、商务、旅游、休闲、医养为代表的高端制造业、高新技术业、现代服务业集聚发展区，全面迸发产业发展活力，带动第一、二、三产业融合发展，为城市产业转型升级提供新的方向和路径。

2.4.2.4 民航业面临调整

（1）货运。

经济全球化的快速发展，让世界日渐成为一个"地球村"，航空货运也凭借安全、快速、灵活的优势，成为一个地区和国家融入全球产业链、价值链与创新链的重要依托。在中国加入世界贸易组织、电子商务尤其是跨境电商日益兴盛、政府针对航空货运出台一系列扶持政策等利好因素的带动下，航空物流市场的巨大潜力得到挖掘。国内航空运输企业积极向现代物流服务集成商转型，国内民营航空物流迅速崛起，FedEx、UPS、TNT 等全球快递型航空公司纷至沓来。

截至 2018 年底，我国共有颁证运输机场 235 个，比上年年底增加 6 个。未来中国将有超过 270 座机场，民航业发展前景可期。

过去五年，全行业货邮周转量年均增长 9.06%，全行业货邮运输量年均增长

5.66%（见图2.3和图2.4）。

图2.3 2014～2018年中国民航货邮周转量及其增长率

资料来源：2014～2018年民航行业发展统计公报［EB/OL］. 中国民用航空局网站，http://www.caac.gov.cn/XXGK/XXGK/TJSJ/index_ 1214. html.

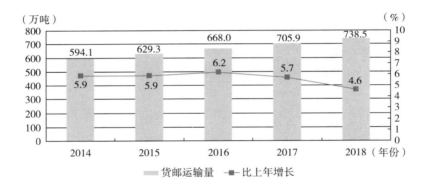

图2.4 2014～2018年中国民航货邮运输量及其增长率

资料来源：2014～2018年民航行业发展统计公报［EB/OL］. 中国民用航空局网站，http://www.caac.gov.cn/XXGK/XXGK/TJSJ/index_ 1214. html.

（2）客运。

旅游需求的多样化、现代服务业的全球化和居民工作地点及居住环境的变化对空港经济发展起到了极大的促进作用。我国旅游业近年连续保持两位数增长，其快速发展将为空港经济的平稳发展奠定坚实基础。受我国总体经济形势平稳发展及消费结构升级因素的影响，旅游业未来几年仍将继续处于较快发展的黄金期，成为空港经济快速发展的重要推动力。另外，空港经济的核心——机场，作为旅游交通的重要组成部分，可以快速、有效地把旅游者从客源地输送到旅游目的地，支撑和推动着旅游业的发展壮大。具体而言，空港经济对于旅游产业发展的推动机制可以概括体现在提升旅游地可进入性、增强旅游地吸引力、促生旅游新业态三个方面。商务旅行的出现是空港经济发展的重要动力。随着经济全球化的发展，中国经济的不断崛起，越来越多的跨国公司纷纷在中国发展相关业务。对空港经济进行调查研究的过程中，我们发现，大型公司总部往往非常青睐于选址空港，企业家看中空港便于总部人员出差和各地分支机构来总部办事，交通便利、配套完善。以虹桥商务区为例，壳牌租赁虹桥天地约 6500 平方米，平安信托耗资超 13 亿元收购虹桥协信五栋独栋写字楼。居民工作地点和居住环境的变化对空港经济有较大需求。由于城市化进程的加快，大城市外拓的要求加强，办公和居住边缘化的趋势都将愈加明显，这些现状的改变对于空港经济发展是一个巨大的机遇，可以将空港经济区的地理优势和区位发展优势凸显出来。

过去五年，全行业旅客周转量保持年均 13.62% 的快速增长态势，旅客运输量年均增长 11.56%（见图 2.5 和图 2.6 所示）。

图 2.5　2014～2018 年中国民航旅客周转量及其增长率

资料来源：2014～2018 年民航行业发展统计公报［EB/OL］. 中国民用航空局网站，http://www.caac.gov.cn/XXGK/XXGK/TJSJ/index_ 1214. html.

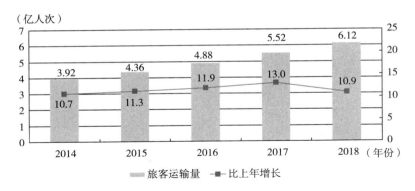

图2.6 2014～2018年中国民航旅客运输量

资料来源：2014～2018 年民航行业发展统计公报〔EB/OL〕. 中国民用航空局网站，http://www.caac.gov.cn/XXGK/XXGK/TJSJ/index_ 1214. html.

（3）市场结构。

过去，人们对民航市场结构的传统认识是"东高西低"，但在经济新常态下，这一不平衡将会以更快的速度被打破。传统的较为发达的东部市场，增长急剧放缓；但中西部地区市场，却呈现快速崛起的迹象。随着我国产业结构调整步伐加快，航空货运出现了中西部地区快于东部地区的势头，中西部航空货运的发展迎来了多种机遇的叠加期。面对机遇，重庆、武汉、郑州、成都、西安等城市发展航空货运的积极性高涨。中西部航空货运发展要挖掘差异优势。2018 年，西安咸阳国际机场年货邮吞吐量首次突破 30 万吨。2019 年，中国机场的货运发展冰火两重天，既有浦东机场、天津机场、青岛机场等的货运负增长，又有武汉机场、西安机场、济南机场的同比近20% 的高增长率，南昌机场甚至出现了同比约56% 的惊人增长。中西部机场对航空货运的重视达到了空前的高度。

截至 2019 年底，获国家发改委、民航局批复的国家临空经济示范区达 14个，对比 1000 万以上旅客吞吐量机场规模（37 个），空港经济区仍有较大发展空间。结合中国四大经济区域划分，在已批复的 14 个国家临空经济示范区中，有 8 个（北京大兴 + 首都、上海、广州、青岛、杭州、宁波、南京）位于东部地区，2 个（郑州、长沙）位于中部地区，4 个（重庆、成都、贵阳、西安）位于西部地区，目前在东北地区还未有分布。在国家临空经济示范区促进民航业发展、优化我国经济发展格局、全方位深化对外开放、加快转变经济发展方式的战略意义背景下，国家临空经济示范区要在区域分布上贯彻国家意图，符合区域发展总体战略，东中西地区合理分布，促进区域均衡发展。因此东北地区、中部地区、西部地区应在申请国家临空经济示范区方面展开激烈竞争，争夺国家资源和政策倾斜，争取以空港经济撬动新一轮产业升级，发挥空港经济的增长极作用，带动新型城镇化和更大规模、更高水平的对外开放。

2.5　空港城市的布局规律和开发模式

2.5.1　布局规律

总结国内外空港经济区的发展，空港经济区的布局主要有以下几种模式：

第一，圈层布局：空港城市在各个方向上都以相对均匀的速度向外蔓延，表现为同心圆状。由于不同产业的附加值及其对航空运输的依赖性不同，它们在空间上呈现出由空港核心地区向外围扩展的圈层布局模式。产业布局在空间上可以划分为三个层次：临空经济核心区、临空经济聚集区、临空经济辐射区，这是理论上最完美的布局模式。

第二，板块布局：圈层布局要求空港城市在各个方向上匀速发展，但是考虑到区域地理环境条件以及业已建成区阻碍等因素，现实中很难达到要求。综合考虑各因素，空港城市一般在与机场有一定距离的某几个邻近地区分别发展。当前，国外发展成功的空港经济区的布局多采用此结构。

第三，轴线布局：在轴线布局模式下，空港核心带沿交通沿线进行单向轴带式的发展，形成了一种狭窄的伸展轴形态的空间结构。由于受地理、交通等综合条件的影响较大，此类布局不能实现产业的关联、集聚、集群发展。这是空港城市发展中比较早期的布局模式，采用此类布局的城市较少，如美国达拉斯—沃斯堡机场空港。

2.5.2 空港城市的开发建设模式

从国内外的发展实践来看，空港经济区作为城市新区，其开发建设模式如何选择，是采用传统的工业园、开发区发展模式，还是用更新的理念、更具超前性的发展模式。总结各空港经济区的开发模式，总体上是对区域规划、建设形象、产业发展、资金筹措四大要素的统筹考虑（见图2.7）。主要有以下几种模式：

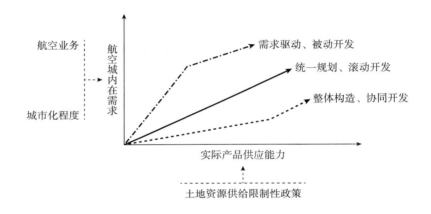

图 2.7 空港城市开发建设模式

2.5.2.1 整体构造、协同开发

核心是在规划区域内整体安排，布局功能板块和发展重点时，在功能板块上同步安排和启动具有重大带动作用的"龙头型"项目，同时开展基础设施先行的配套建设，使经济区在最短时间内得到科学有效的开发，形成主要的空港城市服务功能和竞争力，为长期的发展奠定了坚实的基础，如郑州航空港经济综合实验区、西咸新区空港新城等。

此种开发建设模式的优点是规划起点高、产业发展有序，但缺点是对资金筹措要求高，而且由于全面开发，短期内难以尽快在某一个集中区域体现建设形象。然而从长远发展来看，此种模式最有利于发挥空港经济区的功能和作用，减少了升级改造成本。

2.5.2.2 统一规划、滚动开发

在这种开发模式下，先对区域内进行统一规划，在严守规划的基础上，先集

中资金和产业资源重点投入在优先开发的一小片区域，所有的项目先集中在这个区域布局，等这个区域发展起来后，再沿着这个区域逐步向外扩张。

此种开发建设模式的特点是：先期投入较少，利于较快形成建设形象，表象政绩突出。但缺点是难以形成完善的城市配套和城市氛围，不利于吸引高端产业和高素质人才创业生活。同时，由于产业不分门类集中布局，在发展一段时间后可能会面临重新选址和迁建改造，从长远来看，存在重复建设和资金浪费。

2.5.2.3　需求驱动、被动开发

由于各种主客观因素影响，有些区域不重视空港经济区发展，不进行主动引导、主动管理、主动规划。在市场经济驱动和经济发展规律驱动下，相关产业自发在空港周围聚集。

此种发展模式的特点是：先期投入最小，但效果最差，浪费了宝贵的空港资源。一般来说，是在各方面忽视空港经济发展情况下的无奈之举。

空港城市开发建设模式优点与局限性如表 2.1 所示。

表 2.1　空港城市开发建设模式优点与局限性

	整体构造、协同开发	统一规划、滚动开发	需求驱动、被动开发
优点	有利于加强空港城市整体构建和开发力度，发挥空港城市综合功能	初始投入不多，能够集中开发，见效快	资金投入少，不需规划和管理，开发建设简单
局限性	投资成本高，政策支持力度大，需要强势的管理机构	城市功能之间的匹配度不高，难以形成完善的城市配套和城市氛围，后期面临重新选址和迁建改造	发展效果差，难以形成产业链聚集，浪费宝贵的空港资源

2.6　空港城市的产业选择

空港城市的产业选择可分为如下四种模式：

2.6.1　客流聚焦型（亚特兰大、法兰克福、上海虹桥）

这种模式适于客运业务量比较大，通常为大型的航空客运枢纽的机场。在此模式下，重点发展客运高度相关的总部经济、商务办公、会展会议、酒店餐饮、商贸、金融等高端商务产业及配套产业。

[案例] 上海虹桥临空经济园区：打造"园林式、高科技、总部型"精品园区

作为世界级的综合交通枢纽，上海虹桥机场是一个多层次立体式的结构，集航空、高铁、城铁、高速公路、磁浮、地铁、公交、出租车等"轨、路、空"多种交通方式于一体，涉及64种可能的连接方式、56种换乘方式、16种最常用的换乘方式，枢纽内换乘时间不超过15分钟。四通八达的多式联运综合交通体系促成了上海虹桥临空经济园区的飞速发展。

按照"总部经济、虹桥门户"的发展定位，园区编制了产业、功能、形态一体化规划。产业上，打造一流的门户型总部经济园区；功能上，按照服务半径设置完善的园区级、片区级和街坊级商务配套服务设施，构成园区五个各具特色的区域；形态上，建立大园区，塑造小园区，按七大主题塑造大小园的形态。

园区已初步形成高端企业总部，信息服务业、航空服务业和现代物流业三大产业集聚，形成信息通信技术、电子商务、无线通信、现代物流、服装服饰、食品和生活用品制造等具有临空服务型特征的产业集群。

资料来源：高玲．上海虹桥枢纽4座立交连接交通 有56种换乘模式［EB/OL］．http：//news.sohu.com/20070517/n250069642.shtml，2007-05-17.

张晓鸣，李阳．把虹桥综合交通枢纽56种换乘方式捏合成一个良性循环的有机体　郭建祥．为"翱翔者"筑巢［EB/OL］．东方网，http：//shzw.eastday.com/shzw/G/20150803/u1ai153557.html，2015-08-03.

上海虹桥临空经济园区［EB/OL］．上海招商网，http：//www.zhaoshang-sh.com/zhuanti/lkjjq/2010/4-27/104271624251J664EFEK4I31EF497DE.html，2010-04-27.

2.6.2　物流导向型（孟菲斯、仁川、广州）

机场的货运业务量占比较大，定位为重要的货运枢纽应优先采用此种产业布局模式。产业选择上，应以促进机场货运业务发展的物流配套产业为主，延伸至部分贸易、加工环节。

［案例］韩国仁川：快速崛起的东北亚航运枢纽

仁川国际机场位于连接欧洲和东亚的西伯利亚横跨航线上，在连接东北亚、东南亚和北美地区的北太平洋航线的最前方。2018 年货邮吞吐量为 295.2 万吨，国际货邮吞吐量为 285.8 万吨，分别位于全球第 4 位和第 3 位。仁川国际机场的海陆空交通运输网络功能非常健全，为仁川成为具有国际竞争力的东北亚航空运输枢纽、物流中心，并最终成为国际经济交换中心提供了强有力的支撑。

韩国仁川机场空港城以物流为导向，重点发展金融商务、商务休闲、尖端产业、医疗生物科技、教育、旅游休闲六大类产业，并在松岛（国际商务、IT、BT、R&D）、永宗（旅游休闲）、青萝（商务金融、休闲游乐、尖端产业）三大区域中优化组合，发挥强大的产业协同效应。

资料来源：王学东. 国际空港城市——在大空间中构建未来［M］. 北京：社会科学文献出版社，2004：44 - 46.

航空货运之家. 2018 年全球前 20 位机场货邮吞吐量及国际货邮吞吐量排名分析［EB/OL］. 看点快报，https：//kuaibao. qq. com/s/20190316G06VFC00？refer = spider，2019 - 03 - 16.

[案例] 广州空港经济区

广州空港经济区将广州北站、大田铁路集装箱货运中心站等重大基础设施纳入空港经济区范围，通过国际机场、区域性综合枢纽、全国性铁路集装箱货运中心站的"三港联动"方式，强化客流、货流、物流间的联系，带动整个空港经济发展。2014年启动白云机场"国际1号货站"，白云机场货邮处理能力提升至150万吨/年。

如今，广州空港经济区已从偏向于交通枢纽、临空导向的特殊政策区，逐渐成为承担整合广州北部地区发展重责的综合型空港都市区，成为全市重要的战略发展平台之一。高端临空产业在广州空港经济区集聚发展，业务涵盖保税物流仓储及配送、跨境电商、加工、代理报关等行业。

资料来源：广州空港经济区管理委员会官网，http：//kgw. gz. gov. cn/.

2.6.3 产业延伸型（香农、郑州）

这种产业选择下的机场的客货运业务量都不大，机场与城市化规划方向一致。发展空港经济，应依托机场周边产业基础和城市发展的整体规划，成为功能完善的新城区，并提供配套功能与服务，如航空制造等。

[案例] 爱尔兰香农国际航空港自由贸易区：
打造世界级的航空业聚集区

爱尔兰香农航空港自由贸易区已成为连接欧美地区之间的重要支线机场，但其本身客货运并不发达。发展早期主要是在政府推动下，利用地理优势，为途经飞机提供中转、加油、维修保养等航空配套服务，同时利用外资和原料发展出口加工业。随着航空制造技术的不断进步，逐渐向航空产业升级，主要产业包括：通信信息，电子产品制造，飞机维修，飞机零部件制造、供应、分销以及与之有关的咨询、培训、支持等业务。政府还在附近设立了爱尔兰国家航空研究中心。目前，贸易区产业涵盖了医疗设备、软件开发等高技术产业，众多通信世界巨头均在香农国际自由贸易区设有基地。

香农自贸区发展离不开优惠的鼓励投资的税收、融资、财政等方面经济支持。为吸引外来企业投资，区内推出的激励制度包括：低企业税率；允许来自非欧盟国家的商品延迟缴税，直至离港前往另一个非欧盟国家；公司可免税从非欧盟国家进口货物加工并再出口到非欧盟国家；对进口欧盟国家的商品免税；自贸区内增值税为零；对有意在自贸区内成立实体的合格公司及已在自贸区内经营的公司给予资助、研发税收抵免和出售股权资本利得税豁免等优惠。

资料来源：海南省科学技术协会．爱尔兰香农自由贸易区发展经验探析［EB/OL］．中国海南（自由）贸易试验区和中国特色自由贸易港建设专栏，http://www.hainanast.org.cn/z_ v_ zx.asp? id=5110，2018 – 08 – 17.

香农：爱尔兰第三机场沉浮录［EB/OL］．搜狐网，https://www.sohu.com/a/71031437_ 395814，2016 – 04 – 23.

［案例］郑州航空港经济综合实验区

郑州航空港经济综合实验区是全国首个上升为国家战略的航空港经济发展先行区，是国内迅速崛起的临空经济区中的典范。2010 年以前，郑州机场周边产业外向型程度低、产品附加值低、需要航空运输的货物比例较低，航空产业特色没有体现。2010 年富士康进驻郑州航空港区，智能手机具有航空指向性，富士康对郑州航空产业发展起到了领航的作用。目前形成了以特色产品物流、航空快递物流、国际中转物流为重点的航空物流业，以航空设备制造及维修、电子信息、生物医药为重点的高端制造业以及以专业会展、电子商务、航空金融、服务外包为重点的现代服务业三大主导产业。

郑州的发展，离不开各级政府的高度重视。郑州航空港经济综合实验区规划作为河南省三大国家战略规划之一，全省上下高度重视。除此之外，明确提出了"建设大枢纽、发展大物流、培育大产业、塑造大都市"的总体思路。引导航空港实验区实现快速均衡发展。

资料来源：建设大枢纽发展大物流培育大产业塑造大都市［EB/OL］.搜狐网，https：//www.sohu.com/a/135994180_ 114731.

刘春玲.航空经济区产业发展的国际经验及借鉴［J］.世界地理研究，2014，23（4）：157 – 166.

2.6.4 航空关联型（厦门、史基浦）

此种产业模式的特点为机场的客货运业务量不大，通常致力于发展飞机总装、机务维修、地勤服务、旅客配餐等和航空活动本身相关的产业。此种模式下，空港经济区规模较小，辐射作用有限。

［案例］厦门临空经济区

厦门高崎机场 2018 年旅客吞吐量 2650 万人次，排名第 13 位；货邮吞吐量 34.55 万吨，排名第 12 位，吞吐量在全国机场中竞争力并不强。但是，厦门独辟蹊径，大力发展航空核心产业，打造融资租赁、航空维修两大重点平台。

厦门自贸片区自成立以来，累计引进飞机 103 架，发动机 1 台，金额近70.5 亿美元，已成为中国南方第一个同时开展经营性和融资性租赁、本地和异地航空公司租赁、整机和发动机租赁为一体的区域，飞机租赁业形成具有全国影响力的品牌效应。片区已汇聚 14 家国内外知名的航空维修企业，初步形成以飞机结构大修为龙头，以发动机、航空电气及其他飞机零部件维修、制造和航空技术培训为辅助的一站式航空维修基地，涵盖行业最高等级的维修业务，商业类型及进出口模式齐全，业务代表性突出，在全国乃至亚太地区都居于领先地位。

此外，厦门自贸区在航空保税维修政策方面取得两项重大突破——海关特殊监管区域外航空保税维修试点政策获批，国家调整两项航材关税税率。为帮助企业用好航材保税仓库功效，高崎机场海关根据航材存储及领用的特殊性和时效性，探索"修理物品＋保税仓库"的特色监管模式。

随着厦门空港经济进一步发展，未来，厦门将加快推动产业链全面发展，形成具有全球竞争力的以航空维修、制造为主营业务，同步发展科技研发、航空金融服务产业的全球一站式航空维修基地，打造航空千亿产业链，为国产大飞机项目提供了重要的支持。

资料来源：《2018 年民航机场生产统计公报》发布［EB／OL］．中国民航网，http：／／www. caacnews. com. cn/1/1/201903/t20190305_ 1268497. html，2019－03－05.

厦门自贸片区：创新发力，金融活水浇灌实体经济福建省工业和信息化厅［EB／OL］．ht-tp：／／gxt. fujian. gov. cn/xw/ztjj/rmzt/jscx_ 33004/cxysts/201904/t20190424_ 4856609. htm，2019－04－24.

廖丽萍，林世雄，许建民．福建自贸试验区厦门片区航空保税维修政策取得重大突破［EB／OL］．中国（福建）自由贸易试验区，http：／／www. china－fjftz. gov. cn/article/index/aid/5615. html，2017－02－27.

白若雪，许建民．厦门航空维修业产值超百亿 飞机租赁"厦门速度"引全国取经［EB／OL］．中国（福建）自由贸易试验区，http：／／www. china－fjftz. gov. cn/article/index/aid/7751. html，2017－12－18.

［案例］荷兰史基浦国际机场：多元化综合发展

史基浦机场位于阿姆斯特丹城西南部 15 千米，是荷兰的空中门户，重要的北欧空中门户与航空网络中心，拥有 100 多条航线和超过 200 多个目的地，在欧洲机场持续保持客运量第四、货运量第三的名次。史基浦机场运营效率和整体服务水平很高，荣获多项最佳机场服务奖项，目前已经树立了汇聚人流、物流、展览、观光以及娱乐商贸一体化"国际空港城"的形象，有 540 多家跨国公司的总部、市场和展示销售中心，100 多个大型购物中心在这里聚集，是多元化综合发展型空港经济区的典范。

史基浦机场周边园区较多，大致可分为三类：物流园区、商务园区以及工业园区。史基浦机场物流园区是欧洲物流集散中心。荷兰阿姆斯特丹机场商务区（Amsterdam Airport Area，AAA）被誉为"欧洲商业界的神经中枢"
（Nerve Center of The European Business World）。形成了典型的多元化、综合性
发展模式，紧邻史基浦机场的世界贸易中心成为众多跨国贸易公司的总部所
在地。主要产业类型有航空物流、商业贸易、航空制造与维修产业，生物医
药产业，电子信息产业，文化产业、时装产业以及金融咨询产业，并且形成
了这几类产业的产业聚集。

资料来源：曹允春，金鹿. 区域经济新引擎——荷兰史基浦机场临空经济发展案例
［J］. 临空经济，2010（6）：30 – 33.

中国民航大学临空经济研究所. 机场周边地区发展经验借鉴［R］. 2009.

从实际情况看，在自身经济实力比较强的地区，其客运、货运量均比较大，
这些空港经济区的产业模式呈现出多种模式综合发展的特征。比如，广州临空经
济区具有物流导向型和航空关联型产业的特征，史基浦则是客流聚焦型和物流导
向型综合发展的典范。

第3章 主要空港经济区微观分析评价

结合空港经济发展规律，枢纽机场、腹地经济、空港经济和交通体系是影响空港经济区发展的四大要素。通过调查研究，《中国空港经济区（空港城市）发展指数报告2019》对2018年客流吞吐量超过1000万人次的37个民航机场（涵盖36个城市），从22个子项指标层面进行量化评价，得到了空港经济区综合竞争力排行榜（不含港澳台地区），以期对空港经济区的建设提供参考。

3.1 综合竞争力分析

如表3.1和图3.1所示，综合竞争力榜单显示，2018年综合竞争力排名前十的空港经济区依次为：北京空港经济区、上海（虹桥）空港经济区、上海（浦东）空港经济区、广州空港经济区、重庆空港经济区、成都空港经济区、深圳空港经济区、天津空港经济区、郑州空港经济区、杭州空港经济区。和2017年相比，各空港区排名基本保持稳定，只有西安跌出前十。由于空港经济区划分方式调整，北京超过上海跃居第一位。天津空港经济区提升明显，则是因为交通体系评价指标的调整。

根据榜单内各项得分情况，以及考察连续几年的发展情况，我们发现当前各大空港经济区呈现出相对稳定的发展梯度，为此，我们对全国空港经济区进行了分级，具体如下：

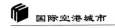

表 3.1　中国空港经济区综合竞争力评价

空港经济区	枢纽机场	腹地经济	空港经济	交通体系	总分	排名
北京空港经济区	24.69	22.55	27.41	16.68	91.33	1
上海（虹桥）空港经济区	9.36	25.00	28.56	20.00	82.92	2
上海（浦东）空港经济区	25.00	25.00	16.76	15.16	81.92	3
广州空港经济区	19.06	14.33	30.00	14.06	77.45	4
重庆空港经济区	9.57	16.09	25.86	14.48	66.00	5
成都空港经济区	12.23	11.11	27.70	14.56	65.60	6
深圳空港经济区	13.42	16.40	19.81	15.24	64.87	7
天津空港经济区	5.67	11.40	26.26	12.60	55.93	8
郑州空港经济区	7.18	7.17	27.64	10.47	52.46	9
杭州空港经济区	9.71	9.09	26.55	7.05	52.40	10
武汉空港经济区	5.78	10.24	21.88	11.73	49.63	11
西安空港经济区	10.12	7.08	21.36	7.82	46.38	12
南京空港经济区	7.06	7.59	20.15	11.42	46.22	13
昆明空港经济区	11.11	3.82	19.00	11.95	45.88	14
青岛空港经济区	5.72	8.59	21.65	8.90	44.86	15
长沙空港经济区	5.66	7.05	21.36	9.13	43.20	16
宁波空港经济区	2.70	8.79	17.51	9.81	38.81	17
厦门空港经济区	6.41	3.64	12.32	13.60	35.97	18
大连空港经济区	4.45	5.75	14.22	10.74	35.16	19
贵阳空港经济区	4.62	2.52	15.60	10.39	33.13	20
乌鲁木齐空港经济区	5.29	4.02	8.00	14.59	31.90	21
沈阳空港经济区	4.36	4.95	14.16	7.32	30.79	22
福州空港经济区	3.40	5.61	16.47	4.90	30.38	23
长春空港经济区	2.87	4.50	15.25	7.35	29.97	24
南昌空港经济区	3.15	3.89	13.41	7.61	28.06	25
海口空港经济区	5.27	1.18	13.07	7.70	27.22	26
石家庄空港经济区	2.56	5.02	10.99	7.42	25.99	27
济南空港经济区	3.81	5.48	10.99	5.46	25.74	28
南宁空港经济区	3.48	3.50	11.00	7.12	25.10	29
哈尔滨空港经济区	4.51	5.63	8.46	5.08	23.68	30
兰州空港经济区	3.15	1.90	9.90	7.83	22.78	31

续表

空港经济区	枢纽机场	腹地经济	空港经济	交通体系	总分	排名
温州空港经济区	2.59	4.69	10.59	4.65	22.52	32
合肥空港经济区	2.59	5.28	9.33	4.67	21.87	33
珠海空港经济区	2.49	2.36	9.90	6.21	20.96	34
太原空港经济区	3.07	2.61	5.99	9.14	20.81	35
呼和浩特空港经济区	2.85	1.93	6.56	9.40	20.74	36
三亚空港经济区	4.06	0.37	3.57	12.59	20.59	37

注：各地空港经济区管理机构的名称并不统一，本表中所列的各空港经济区，是指各地机场周边主要发展空港经济的区域，并不是明确的区划或产业园区概念。

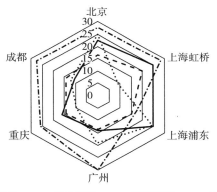

……… 枢纽机场　━━━ 腹地经济　—·—·— 空港经济　– – – 交通体系

图 3.1　中国空港经济区综合竞争力评价排行前六

一线空港城市为北京、上海（虹桥）、上海（浦东）、广州四个空港经济区，上述四个空港经济区得分均在 77 分以上，第五名重庆与广州的得分相差 11.45 分，从发展质量来看，这四个空港城市机场吞吐量数据占据绝对优势，航线网络实现覆盖全球，空港产业发达，在四大评价体系中各项得分都位于前列，没有明显短板，具有强大的枢纽机场、广阔的经济腹地、基础良好的空港经济以及发达的交通体系，其他空港经济区短期内难以对其构成威胁。

二线空港城市为重庆、成都、深圳、天津、郑州、杭州、武汉、西安、南京、昆明、青岛、长沙 12 个空港经济区，上述 12 个空港经济区得分在 40 分以上，机场吞吐量较大、发挥着区域枢纽的作用，空港产业已经形成一定规模，并依托各自城市本身的优势产业走上了特色发展之路，空港城市正在加速形成，未来拥有较大的发展潜力。

其余空港经济区由于机场枢纽本身业务量有限、所在城市经济实力不强，空港经济区发展呈现出动力不足、需求有限、难以形成产业和城市环境的趋势，如果不采取非常有力的措施加快发展，未来将存在与一线、二线空港城市的发展差距越来越大，发展资源有"被虹吸"的风险。

3.1.1 枢纽机场发展分析

枢纽机场是空港经济发展的载体和"发动机"，机场的产生和发展是空港经济产生和发展的前提。从 2018 年枢纽机场发展排行榜来看（见表 3.2 和图 3.2），排名前十的空港经济区依次为：上海（浦东）空港经济区、北京空港经济区、广州空港经济区、深圳空港经济区、成都空港经济区、昆明空港经济区、西安空港经济区、杭州空港经济区、重庆空港经济区以及上海（虹桥）空港经济区，与上年相比没有变化。其中，西安、昆明等空港经济区此项排名高于在综合竞争力榜单的排名，表明西安强大的枢纽机场实力尚未充分兑现为空港经济区的发展红利。

表 3.2　中国主要民航枢纽机场评价

枢纽机场	客流量	货流量	起降架次	总分	排名
上海/浦东	25.65	35.00	24.66	85.31	1
北京/首都	35.00	19.26	30.00	84.26	2
广州/白云	24.16	17.56	23.32	65.04	3
深圳/宝安	17.10	11.32	17.39	45.81	4
成都/双流	18.35	6.18	17.20	41.73	5
昆明/长水	16.32	3.98	17.63	37.93	6
西安/咸阳	15.48	2.90	16.15	34.53	7
杭州/萧山	13.25	5.95	13.92	33.12	8
重庆/江北	14.42	3.55	14.69	32.66	9
上海/虹桥	15.12	3.78	13.03	31.93	10

续表

枢纽机场	客流量	货流量	起降架次	总分	排名
郑州/新郑	9.47	4.78	10.24	24.49	11
南京/禄口	9.91	3.39	10.79	24.09	12
厦门/高崎	9.20	3.21	9.45	21.86	13
武汉/天河	8.49	2.06	9.17	19.72	14
青岛/流亭	8.50	2.09	8.92	19.51	15
天津/滨海	8.18	2.40	8.77	19.35	16
长沙/黄花	8.76	1.44	9.13	19.33	17
乌鲁木齐/地窝堡	7.98	1.46	8.62	18.06	18
海口/美兰	8.36	1.57	8.07	18.00	19
贵阳/龙洞堡	6.96	1.04	7.75	15.75	20
哈尔滨/太平	7.08	1.16	7.15	15.39	21
大连/周水子	6.50	1.50	7.17	15.17	22
沈阳/桃仙	6.59	1.57	6.73	14.89	23
三亚/凤凰	6.95	0.88	6.03	13.86	24
济南/遥墙	5.76	1.06	6.20	13.02	25
南宁/吴圩	5.23	1.10	5.54	11.87	26
福州/长乐	4.99	1.24	5.39	11.62	27
南昌/昌北	4.69	0.77	5.31	10.77	28
兰州/中川	4.80	0.57	5.37	10.74	29
太原/武宿	4.71	0.50	5.27	10.48	30
长春/龙嘉	4.50	0.77	4.53	9.80	31
呼和浩特/白塔	4.21	0.37	5.15	9.73	32
宁波/栎社	4.06	0.98	4.17	9.21	33
温州/龙湾	3.89	0.74	4.22	8.85	34
合肥/新桥	3.85	0.65	4.35	8.85	34
石家庄/正定	3.93	0.43	4.38	8.74	35
珠海/金湾	3.89	0.43	4.17	8.49	36

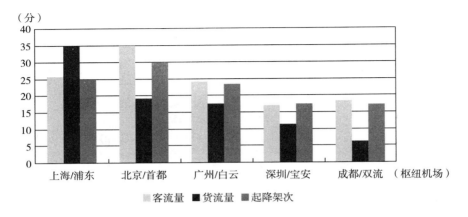

图 3.2　中国主要民航枢纽机场评价排行前五

3.1.2　腹地经济发展分析

榜单显示，2018 年经济腹地评价排名前十的空港经济区依次为：上海空港经济区、北京空港经济区、深圳空港经济区、重庆空港经济区、广州空港经济区、天津空港经济区、成都空港经济区、武汉空港经济区、杭州空港经济区以及宁波空港经济区（见表 3.3 和图 3.3）。

表 3.3　中国主要城市腹地经济评价

腹地城市	全市生产总值	社会消费品零售总额	实际利用外资	进出口总额	常住人口总量	总分	排名
上海	30.00	20.00	9.99	20.00	15.63	95.62	1
北京	27.83	18.55	10.00	15.99	13.89	86.26	2
深圳	22.24	9.74	4.74	17.63	8.40	62.75	3
重庆	18.69	13.84	5.93	3.07	20.00	61.53	4
广州	20.98	14.61	3.82	5.77	9.61	54.79	5
天津	17.27	8.73	2.80	4.75	10.06	43.61	6
成都	14.08	10.74	4.20	2.93	10.53	42.48	7
武汉	13.63	10.80	6.31	1.26	7.14	39.14	8
杭州	12.40	9.02	3.95	3.08	6.32	34.77	9

续表

腹地城市	全市生产总值	社会消费品零售总额	实际利用外资	进出口总额	常住人口总量	总分	排名
宁波	9.86	6.56	2.50	9.42	5.29	33.63	10
青岛	11.02	7.64	5.02	3.13	6.06	32.87	11
南京	11.77	9.21	2.23	0.39	5.44	29.04	12
郑州	9.31	6.74	2.43	2.41	6.54	27.43	13
西安	7.67	7.35	3.67	1.94	6.45	27.08	14
长沙	10.10	7.52	3.34	0.75	5.26	26.97	15
大连	7.04	6.13	1.55	2.76	4.51	21.99	16
哈尔滨	5.78	6.51	2.11	0.12	7.00	21.52	17
福州	7.21	7.37	0.47	1.43	4.99	21.47	18
济南	7.21	6.95	1.49	0.49	4.81	20.95	19
合肥	7.18	4.70	1.87	1.25	5.21	20.21	20
石家庄	5.58	5.17	0.87	0.54	7.06	19.22	21
沈阳	5.78	6.40	0.83	0.58	5.36	18.95	22
温州	5.51	5.27	0.31	0.89	5.96	17.94	23
长春	6.59	4.53	0.61	0.64	4.83	17.20	24
乌鲁木齐	2.85	2.14	7.80	0.31	2.26	15.36	25
南昌	4.84	3.37	2.65	0.46	3.58	14.90	26
昆明	4.78	4.40	0.49	0.51	4.42	14.60	27
厦门	4.40	2.44	0.90	3.53	2.65	13.92	28
南宁	3.69	3.79	0.79	0.43	4.68	13.38	29
太原	3.57	2.86	0.05	0.64	2.85	9.97	30
贵阳	3.49	2.05	0.92	0.02	3.15	9.63	31
珠海	2.68	1.83	1.38	1.91	1.22	9.02	32
呼和浩特	2.67	2.53	0.11	0.07	2.02	7.40	33
兰州	2.51	2.13	0.13	0.08	2.42	7.27	34
海口	1.39	1.20	0.26	0.20	1.48	4.53	35
三亚	0.55	0.38	0.06	0.04	0.40	1.43	36

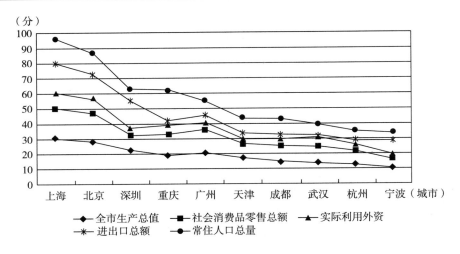

图 3.3　中国主要城市腹地经济评价前十

宁波空港经济区在腹地经济一项中表现突出。宁波作为长三角五大都市圈之一，城市综合竞争力位居全国前列，经济实力强劲，城市功能完善，在科技、人才、金融等方面为示范区建设提供强大支撑。2018 年全年全市实现地区生产总值 10745.5 亿元，跻身万亿 GDP 城市行列，同比增长 7.0%，增速快于全国 0.4 个百分点。从外贸需求看，2018 年宁波实现出口总额 5550.6 亿元，居于第 2 位，充分体现出宁波空港经济区未来发展潜力和空间巨大。

3.1.3　空港经济发展分析

空港经济指空港经济区本身的产业发展水平，空港经济的培育需要综合考虑各地区空港经济区的战略层级、产业发展以及空港功能等。榜单显示，2018 年空港经济评价排名前十的空港经济区依次为：广州空港经济区、上海（虹桥）空港经济区、成都空港经济区、郑州空港经济区、北京空港经济区、杭州空港经济区、天津空港经济区、重庆空港经济区、武汉空港经济区、青岛空港经济区。与 2017 年相比，天津空港经济区、武汉空港经济区的空港经济发展迅猛，首次跻身排行榜前十位（见表 3.4 和图 3.4）。

表 3.4　中国主要空港经济区空港经济评价

空港经济区	战略层级	产业发展	空港功能	总分	排名
广州空港经济区	13.50	43.33	30.00	86.83	1
上海（虹桥）空港经济区	16.00	36.67	30.00	82.67	2
成都空港经济区	13.50	36.67	30.00	80.17	3
郑州空港经济区	20.00	29.99	30.00	79.99	4
北京空港经济区	16.00	43.34	20.00	79.34	5
杭州空港经济区	13.50	33.34	30.00	76.84	6
天津空港经济区	16.00	40.00	20.00	76.00	7
重庆空港经济区	11.50	33.34	30.00	74.84	8
武汉空港经济区	15.00	33.33	15.00	63.33	9
青岛空港经济区	11.00	26.67	25.00	62.67	10
长沙空港经济区	8.50	23.33	30.00	61.83	11
西安空港经济区	13.50	23.32	25.00	61.82	12
南京空港经济区	15.00	33.33	10.00	58.33	13
深圳空港经济区	9.00	33.34	15.00	57.34	14
昆明空港经济区	15.00	20.00	20.00	55.00	15
宁波空港经济区	9.00	16.67	25.00	50.67	16
上海（浦东）空港经济区	13.50	20.00	15.00	48.50	17
福州空港经济区	11.00	16.66	20.00	47.66	18
贵阳空港经济区	13.50	16.66	15.00	45.16	19
长春空港经济区	17.50	16.65	10.00	44.15	20
大连空港经济区	4.50	16.66	20.00	41.16	21
沈阳空港经济区	11.00	9.99	20.00	40.99	22
南昌空港经济区	15.50	13.32	10.00	38.82	23
海口空港经济区	4.50	13.32	20.00	37.82	24
厦门空港经济区	6.00	16.66	13.00	35.66	25
南宁空港经济区	13.50	13.33	5.00	31.83	26
济南空港经济区	8.50	13.32	10.00	31.82	27
石家庄空港经济区	13.50	13.32	5.00	31.82	27
温州空港经济区	9.00	16.65	5.00	30.65	28
珠海空港经济区	2.00	6.66	20.00	28.66	29
兰州空港经济区	2.00	6.66	20.00	28.66	29

续表

空港经济区	战略层级	产业发展	空港功能	总分	排名
合肥空港经济区	7.00	9.99	10.00	26.99	30
哈尔滨空港经济区	4.50	9.99	10.00	24.49	31
乌鲁木齐空港经济区	6.50	6.66	10.00	23.16	32
呼和浩特空港经济区	4.00	9.99	5.00	18.99	33
太原空港经济区	4.00	3.33	10.00	17.33	34
三亚空港经济区	2.00	3.33	5.00	10.33	35

注：各地空港经济区管理机构的名称并不统一，本表中所列的各空港经济区，是指各地机场周边主要发展空港经济的区域，并不是明确的区划或产业园区概念。其中，战略层级根据该空港经济区规划面积、管理主体等指标进行衡量；产业发展根据区内航空物流、飞机维修、临空制造、总部经济、文娱会展等产业发展情况进行衡量；空港功能根据自贸区建设、海关特殊监管区建设、国家临空经济示范区建设等进行衡量。

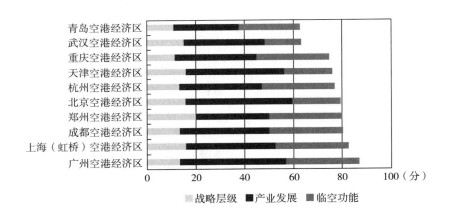

图 3.4　中国主要空港经济区空港经济评价排行前十

可以看到，在其他榜单上优势突出的上海（浦东）空港经济区在空港经济一项中排名较为靠后，主要原因在于浦东机场虽然客流、货流资源丰富，但对机场周边的发展缺乏系统规划和布局，机场外溢效应缺乏实现的载体，空港产业还停留在与机场紧密相关的航空物流等产业上，虽然产业发展有需求，但并未很好地配置发展空间，随着当前上海自贸区临港片区规划的落地，上海（浦东）空港经济区的产业发展短板将会得以快速补齐。

3.1.4　交通体系发展分析

交通运输体系是保证现代社会经济正常运行的重要环节。从空港的角度而言，交通运输体系是联系空港与空港、空港与腹地的交通网络，是空港经济产生和发展的生命脉络。榜单显示，2018 年综合交通体系评价排名前十的分别为：上海（虹桥）空港经济区、北京空港经济区、深圳空港经济区、上海（浦东）空港经济区、乌鲁木齐空港经济区、成都空港经济区、重庆空港经济区、广州空港经济区、厦门空港经济区和天津空港经济区（见表 3.5 和图 3.5）。

表 3.5　中国主要空港经济区交通体系评价

空港经济区	公路运输	轨道运输	铁路运输	港口运输	飞机准点	总分	排名
上海（虹桥）空港经济区	20.00	25.00	25.00	0.00	19.11	89.11	1
北京空港经济区	20.00	25.00	12.50	0.00	16.84	74.34	2
深圳空港经济区	15.00	25.00	0.00	10.00	17.88	67.88	3
上海（浦东）空港经济区	20.00	25.00	0.00	5.00	17.54	67.54	4
乌鲁木齐空港经济区	20.00	12.50	12.50	0.00	20.00	65.00	5
成都空港经济区	15.00	25.00	6.25	0.00	18.64	64.89	6
重庆空港经济区	20.00	25.00	0.00	0.00	19.51	64.51	7
广州空港经济区	20.00	25.00	0.00	0.00	17.65	62.65	8
厦门空港经济区	10.00	12.50	12.50	10.00	15.59	60.59	9
天津空港经济区	20.00	12.50	6.25	0.00	17.40	56.15	10
三亚空港经济区	10.00	0.00	18.75	10.00	17.34	56.09	11
昆明空港经济区	10.00	12.50	12.50	0.00	18.25	53.25	12
武汉空港经济区	15.00	12.50	6.25	0.00	18.53	52.28	13
南京空港经济区	10.00	25.00	0.00	0.00	15.89	50.89	14
大连空港经济区	10.00	12.50	6.25	0.00	19.10	47.85	15
郑州空港经济区	10.00	12.50	6.25	0.00	17.90	46.65	16
贵阳空港经济区	10.00	0.00	18.75	0.00	17.53	46.28	17
宁波空港经济区	15.00	12.50	0.00	0.00	16.20	43.70	18
呼和浩特空港经济区	5.00	0.00	18.75	0.00	18.15	41.90	19
太原空港经济区	10.00	0.00	12.50	0.00	18.23	40.73	20
长沙空港经济区	10.00	12.50	0.00	0.00	18.18	40.68	21
青岛空港经济区	10.00	0.00	12.50	0.00	17.15	39.65	22
兰州空港经济区	10.00	0.00	6.25	0.00	18.65	34.90	23
西安空港经济区	15.00	0.00	0.00	0.00	19.86	34.86	24

空港经济区	公路运输	轨道运输	铁路运输	港口运输	飞机准点	总分	排名
海口空港经济区	10.00	0.00	6.25	0.00	18.07	34.32	25
南昌空港经济区	10.00	0.00	6.25	0.00	17.67	33.92	26
石家庄空港经济区	10.00	0.00	6.25	0.00	16.81	33.06	27
长春空港经济区	10.00	0.00	6.25	0.00	16.48	32.73	28
沈阳空港经济区	10.00	0.00	6.25	0.00	16.34	32.59	29
南宁空港经济区	15.00	0.00	0.00	0.00	16.73	31.73	30
杭州空港经济区	15.00	0.00	0.00	0.00	16.40	31.40	31
珠海空港经济区	5.00	0.00	0.00	5.00	17.65	27.65	32
济南空港经济区	5.00	0.00	0.00	0.00	19.32	24.32	33
哈尔滨空港经济区	5.00	0.00	0.00	0.00	17.62	22.62	34
福州空港经济区	5.00	0.00	0.00	0.00	16.83	21.83	35
合肥空港经济区	5.00	0.00	0.00	0.00	15.80	20.80	36
温州空港经济区	5.00	0.00	0.00	0.00	15.73	20.73	37

注：各地空港经济区管理机构的名称并不统一，本表中所列的各空港经济区，是指各地机场周边主要发展空港经济的区域，并不是明确的区划或产业园区概念。飞机准点指标数据来源为 VariFlight 提供的机场出港准点率。

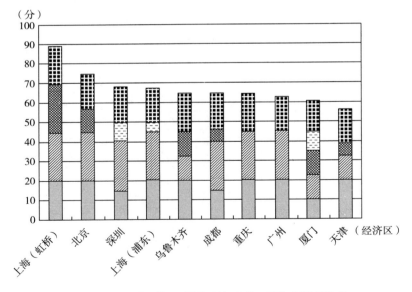

图 3.5　中国主要空港经济区交通体系评价排行前十

其中, 上海 (虹桥) 空港经济区依靠发达的铁路、轨道、公路及航空港紧密衔接的国际一流现代化大型综合交通枢纽体系, 位列第一。而乌鲁木齐空港经济区凭借其公路发达、临近铁路以及飞机出港准点率最高的优势, 排名第五。同时, 越来越多的空港经济区综合交通基础设施正在快速完善, 预期未来各空港经济区综合交通体系评价的得分差距将会越来越小。

3.2　航空物流竞争力分析

民航业和物流业是支撑我国经济社会发展的战略产业。在全球化的背景下, 高新技术和高附加值产品在国际贸易中的比重增加, 资源和商品在国际间高效流动与交换, 物流运作必然向全球化方向发展, 航空货运的作用将更加突出。随着中国居民消费能力提升和消费方式的改变, 快件、冷链、特种货物、跨境电商持续高速增长, 带来了大量的航空运输需求。与此同时, "一带一路" 倡议、自贸试验区等的推进以及有关促进物流业发展文件的密集出台, 也对航空物流业提出了新的更高的要求。

在此基础上, 我们综合考虑发展现状、支撑因素和发展潜力, 对各空港经济区航空物流综合竞争力进行排名, 如表 3.6 所示。

表 3.6　中国主要空港经济区航空物流竞争力排行榜

空港经济区	货源基础	产业培育	功能保障	总分	排名
上海 (浦东) 空港经济区	60.00	30.00	5.00	95.00	1
北京空港经济区	33.02	23.94	6.67	63.63	2
广州空港经济区	30.10	19.88	10.00	59.98	3
深圳空港经济区	19.40	22.90	5.00	47.30	4
上海 (虹桥) 空港经济区	6.48	30.00	10.00	46.48	5
成都空港经济区	10.59	16.16	10.00	36.75	6
杭州空港经济区	10.20	15.68	10.00	35.88	7
郑州空港经济区	8.20	14.31	10.00	32.51	8

续表

空港经济区	货源基础	产业培育	功能保障	总分	排名
重庆空港经济区	6.08	14.44	10.00	30.52	9
宁波空港经济区	1.68	18.00	8.33	28.01	10
长沙空港经济区	2.48	13.74	10.00	26.22	11
天津空港经济区	4.12	14.80	6.67	25.59	12
青岛空港经济区	3.57	11.91	8.33	23.82	13
武汉空港经济区	3.53	15.17	5.00	23.70	14
南京空港经济区	5.81	14.12	3.33	23.26	15
昆明空港经济区	6.82	8.52	6.67	22.01	16
西安空港经济区	4.98	6.86	8.33	20.17	17
大连空港经济区	2.58	10.40	6.67	19.65	18
厦门空港经济区	5.50	6.56	4.33	16.39	19
福州空港经济区	2.12	6.45	6.67	15.24	20
沈阳空港经济区	2.68	5.54	6.67	14.89	21
海口空港经济区	2.68	3.89	6.67	13.24	22
珠海空港经济区	0.74	5.18	6.67	12.59	23
兰州空港经济区	0.98	4.21	6.67	11.86	24
南宁空港经济区	1.88	8.12	1.67	11.67	25
贵阳空港经济区	1.79	4.50	5.00	11.29	26
济南空港经济区	1.81	5.98	3.33	11.12	27
合肥空港经济区	1.11	6.35	3.33	10.79	28
哈尔滨空港经济区	1.99	5.32	3.33	10.64	29
长春空港经济区	1.32	5.85	3.33	10.50	30
乌鲁木齐空港经济区	2.51	4.44	3.33	10.28	31
南昌空港经济区	1.32	5.18	3.33	9.83	32
太原空港经济区	0.85	4.84	3.33	9.02	33
温州空港经济区	1.28	5.61	1.67	8.56	34
石家庄空港经济区	0.73	5.46	1.67	7.86	35
三亚空港经济区	1.51	3.53	1.67	6.71	36
呼和浩特空港经济区	0.64	4.25	1.67	6.56	37

注：货源基础主要根据机场货邮吞吐量等指标进行衡量；产业培育主要根据区内部分经济指标与物流产业发展情况进行衡量；功能保障主要根据区内自贸区建设、海关特殊监管区建设、国家级临空经济示范区建设等指标进行衡量。

根据统计，2018 年全国航空物流综合竞争力排行前十的空港经济区分别为：上海（浦东）空港经济区、北京空港经济区、广州空港经济区、深圳空港经济区、上海（虹桥）空港经济区、成都空港经济区、杭州空港经济区、郑州空港经济区、重庆空港经济区、宁波空港经济区。

近年来，逆全球化、单边主义、贸易保护主义在世界范围内日益抬头，尤其是美国掀起的美中、美加等全球范围内的贸易摩擦，使全球自由贸易规则及体系遭受重大冲击。中国要在"一带一路"倡议下坚持和推进世界贸易合作，需要更加畅通、更加便捷、更加高效的贸易通道相匹配，航空物流业作为全球高价值经济合作的纽带，大力发展航空物流，不仅是各地支撑高水平对外开放、加快经济转型升级的重要手段，也是共同打造更加开放的中国市场的重要方面。

3.3　"政府力"分析

地区空港经济的发展离不开政府的支持和引导，因此，我们选取与政府支持高度相关的指标进行分析，推出中国空港经济区"政府力"排行榜（见表 3.7），排名前十的空港经济区依次为：郑州空港经济区、上海（虹桥）空港经济区、成都空港经济区、广州空港经济区、北京空港经济区、重庆空港经济区、天津空港经济区、杭州空港经济区、昆明空港经济区、西安空港经济区。

表 3.7　中国主要空港经济区"政府力"排行榜

空港经济区	战略层级	开放功能	交通体系	总分	排名
郑州空港经济区	50.00	30.00	10.47	90.47	1
上海（虹桥）空港经济区	40.00	30.00	20.00	90.00	2
成都空港经济区	33.75	30.00	14.56	78.31	3
广州空港经济区	33.75	30.00	14.06	77.81	4
北京空港经济区	40.00	20.00	16.68	76.68	5
重庆空港经济区	28.75	30.00	14.48	73.23	6

续表

空港经济区	战略层级	开放功能	交通体系	总分	排名
天津空港经济区	40.00	20.00	12.60	72.60	7
杭州空港经济区	33.75	30.00	7.05	70.80	8
昆明空港经济区	37.50	20.00	11.95	69.45	9
西安空港经济区	33.75	25.00	7.82	66.57	10
武汉空港经济区	37.50	15.00	11.73	64.23	11
上海（浦东）空港经济区	33.75	15.00	15.16	63.91	12
青岛空港经济区	27.50	25.00	8.90	61.40	13
长春空港经济区	43.75	10.00	7.35	61.10	14
长沙空港经济区	21.25	30.00	9.13	60.38	15
贵阳空港经济区	33.75	15.00	10.39	59.14	16
南京空港经济区	37.50	10.00	11.42	58.92	17
宁波空港经济区	22.50	25.00	9.81	57.31	18
南昌空港经济区	38.75	10.00	7.61	56.36	19
沈阳空港经济区	27.50	20.00	7.32	54.82	20
深圳空港经济区	22.50	15.00	15.24	52.74	21
福州空港经济区	27.50	20.00	4.90	52.40	22
石家庄空港经济区	33.75	5.00	7.42	46.17	23
南宁空港经济区	33.75	5.00	7.12	45.87	24
大连空港经济区	11.25	20.00	10.74	41.99	25
厦门空港经济区	15.00	13.00	13.60	41.60	26
乌鲁木齐空港经济区	16.25	10.00	14.59	40.84	27
海口空港经济区	11.25	20.00	7.70	38.95	28
济南空港经济区	21.25	10.00	5.46	36.71	29
兰州空港经济区	5.00	20.00	7.83	32.83	30
合肥空港经济区	17.50	10.00	4.67	32.17	31
温州空港经济区	22.50	5.00	4.65	32.15	32
珠海空港经济区	5.00	20.00	6.21	31.21	33
太原空港经济区	10.00	10.00	9.14	29.14	34
哈尔滨空港经济区	11.25	10.00	5.08	26.33	35
呼和浩特空港经济区	10.00	5.00	9.40	24.40	36
三亚空港经济区	5.00	5.00	12.59	22.59	37

注：战略层级根据区内运营主体、规划面积等进行衡量；开放功能根据空港经济区对外开放发展程度等指标进行衡量；交通体系根据空港经济区周边交通通达状况进行衡量。

通过"政府力"排名与综合竞争力排名的对比来看，有七个空港经济区同时在"政府力"排名和综合竞争力排名的前十位，说明政府的支持和主动引导，对于空港经济区的发展十分重要。但我们也看到还有一些城市对空港经济区发展的重视不足，体制机制、政策资源的支持力度有限。例如大连空港经济区的"政府力"排名位于第 25 位，落后于综合竞争力 19 位的排名。东北振兴战略的核心是产业的转型升级，空港经济区作为新经济的发展引擎，对于东北地区加快产业升级意义重大，从这一指标来看，大连市政府对空港经济区发展的重视程度还应加强。

3.4　发展潜力分析

从长远来看，枢纽发展状况、腹地经济实力和区域辐射能力制约着空港经济区的发展。为了科学评价空港经济区未来发展的可能，我们以相关指标为基础，对各空港经济区的未来发展潜力进行了对比排名（见表 3.8）。在比较分析中，北京空港经济区的发展潜力最好，其余排名前十的空港经济区依次为：上海（浦东）空港经济区、上海（虹桥）空港经济区、广州空港经济区、郑州空港经济区、成都空港经济区、昆明空港经济区、天津空港经济区、深圳空港经济区、重庆空港经济区。

表 3.8　中国主要空港经济区发展潜力排行榜

空港经济区	枢纽强度	辐射能力	重视程度	总分	排名
北京空港经济区	29.63	25.03	32.00	86.66	1
上海（浦东）空港经济区	30.00	22.74	27.00	79.74	2
上海（虹桥）空港经济区	11.23	30.00	32.00	73.23	3
广州空港经济区	22.87	21.09	27.00	70.96	4
郑州空港经济区	8.62	15.70	40.00	64.32	5
成都空港经济区	14.68	21.85	27.00	63.53	6
昆明空港经济区	13.34	17.93	30.00	61.27	7

空港经济区	枢纽强度	辐射能力	重视程度	总分	排名
天津空港经济区	6.80	18.90	32.00	57.70	8
深圳空港经济区	16.11	22.85	18.00	56.96	9
重庆空港经济区	11.49	21.72	23.00	56.21	10
南京空港经济区	8.47	17.13	30.00	55.60	11
武汉空港经济区	6.93	17.60	30.00	54.53	12
西安空港经济区	12.14	11.74	27.00	50.88	13
长春空港经济区	3.45	11.02	35.00	49.47	14
杭州空港经济区	11.65	10.57	27.00	49.22	15
贵阳空港经济区	5.54	15.58	27.00	48.12	16
南昌空港经济区	3.78	11.42	31.00	46.20	17
青岛空港经济区	6.86	13.35	22.00	42.21	18
南宁空港经济区	4.17	10.68	27.00	41.85	19
乌鲁木齐空港经济区	6.35	21.88	13.00	41.23	20
石家庄空港经济区	3.07	11.13	27.00	41.20	21
厦门空港经济区	7.69	20.40	12.00	40.09	22
沈阳空港经济区	5.23	10.97	22.00	38.20	23
长沙空港经济区	6.80	13.69	17.00	37.49	24
宁波空港经济区	3.24	14.71	18.00	35.95	25
福州空港经济区	4.08	7.35	22.00	33.43	26
大连空港经济区	5.33	16.11	9.00	30.44	27
济南空港经济区	4.57	8.19	17.00	29.76	28
温州空港经济区	3.11	6.98	18.00	28.09	29
三亚空港经济区	4.88	18.88	4.00	27.76	30
海口空港经济区	6.33	11.56	9.00	26.89	31
呼和浩特空港经济区	3.42	14.11	8.00	25.53	32
太原空港经济区	3.68	13.71	8.00	25.39	33
合肥空港经济区	3.11	7.00	14.00	24.11	34
哈尔滨空港经济区	5.41	7.62	9.00	22.03	35
兰州空港经济区	3.78	11.75	4.00	19.53	36
珠海空港经济区	2.99	9.31	4.00	16.30	37

注：枢纽强度根据机场发展情况进行衡量；辐射能力根据空港经济区交通状况进行衡量；重视程度根据空港经济区管理主体、规划面积等政府重视程度指标进行衡量。

由榜单可以看出，具有发展潜力的空港经济区可以分为以下五类：第一类是经济发达的一线城市，其经济本身具有活力，包括北上广深等；第二类是新一线城市的龙头，位于京津冀、长三角、珠三角、长江中游、成渝等城市群的核心，新兴经济活跃，如成都、重庆、深圳、南京、杭州等城市；第三类是地理位置优势突出的枢纽城市，本身位于重要交通干道上，具有广阔经济腹地的城市，如郑州、武汉、西安等；第四类是受地理位置影响，地处边陲，航空在与其他交通方式的竞争中处于优势地位的城市，如昆明、乌鲁木齐等城市；第五类是空港经济发展受到政府重视，给予超常规政策支持的城市，如郑州、天津等城市。

3.5 机场餐饮发展分析

随着空港经济区的快速发展，大型航空机场的产业休闲、商务、居住、娱乐等城市功能逐渐兴起丰富，航空枢纽发挥着巨大的经济辐射力，功能承载空间不断扩大，与所在城市的结合越来越紧密，进一步发展成为与城市功能高度融合的空港都会区。

与此同时，在中国经济新常态、互联网变革、消费升级和人们物质文化需求日趋提高的大背景下，餐饮行业呈现一派欣欣向荣之势。根据美团点评发布的《中国餐饮报告2019》，2018 年中国餐饮市场规模为 42716 亿元，并一直保持着高于同期社会消费品零售总额的高增长速度。餐饮行业已成为衡量消费热度、社会流量的一个重要标尺，同时也是地区商业发达程度的重要衡量指标，而商业发展水平正是城市发展水平的重要体现。因此，机场餐饮的丰富度、时尚度和热度，直接反映了机场及其周边空港经济区在城市发展方面的成就。通过空港美食指数的考察，可以直观反映各空港经济区城市发展水平。

考虑到机场餐饮的特殊性，并结合数据的可操作性、真实性，在此主要选取快餐连锁、咖啡厅两个品类，以机场 2000 米以内的航站楼为主要测算空间，根据 CNPP 数据研究、十大品牌网（www.china - 10.com）联合重磅推出的十大餐饮连锁品牌排行榜——餐饮连锁 10 大品牌榜、咖啡厅 10 大品牌榜，对于各空港经济区的餐饮综合竞争力进行评价（见表3.9）。

表3.9 十大餐饮连锁品牌排行榜

	快餐连锁	咖啡厅
1	肯德基（KFC）	星巴克（Starbucks）
2	麦当劳（MCDONALD'S）	咖世家（COSTA）
3	必胜客	太平洋咖啡
4	海底捞	瑞幸咖啡（Luckin Coffee）
5	真功夫	迪欧咖啡
6	永和大王	两岸咖啡
7	小肥羊	上岛咖啡
8	味千拉面	猫屎咖啡（Kafelaku Coffee）
9	德克士（Dicos）	漫咖啡（Maan Coffee）
10	大娘水饺	雕刻时光

在本榜单中列有快餐连锁、咖啡厅、网红店三项。网红店以大众点评网按综合流量排序的地区美食热门榜为依据，将进入榜单的机场餐厅单列出来，如入驻北京机场、深圳机场的人气饮品店喜茶。快餐和咖啡厅根据各机场所入驻品牌数值采取1分制的累计加分；考虑到高涨的网红餐厅热潮，对于网红店双倍计分、额外加成。具体排名如表3.10所示。

表3.10 中国主要空港经济区餐饮指数排行榜

空港经济区	快餐连锁	咖啡厅	网红店	总分	排名
北京空港经济区	5	7	2	14	1
广州空港经济区	7	5	1	13	2
重庆空港经济区	4	4	2	10	3
上海（浦东）空港经济区	5	3	1	9	4
上海（虹桥）空港经济区	5	3	0	8	5
天津空港经济区	4	4	0	8	5
杭州空港经济区	4	4	0	8	5
武汉空港经济区	7	1	0	8	5

空港经济区	快餐连锁	咖啡厅	网红店	总分	排名
深圳空港经济区	4	3	0	7	9
郑州空港经济区	4	3	0	7	9
昆明空港经济区	5	2	0	7	9
成都空港经济区	5	1	0	6	12
西安空港经济区	5	1	0	6	12
沈阳空港经济区	3	3	0	6	12
福州空港经济区	4	2	0	6	12
南京空港经济区	3	2	0	5	16
青岛空港经济区	3	2	0	5	16
长沙空港经济区	2	2	0	4	18
厦门空港经济区	2	2	0	4	18
大连空港经济区	3	1	0	4	18
海口空港经济区	3	1	0	4	18
兰州空港经济区	2	2	0	4	18
乌鲁木齐空港经济区	2	1	0	3	23
石家庄空港经济区	3	0	0	3	23
济南空港经济区	1	2	0	3	23
南宁空港经济区	2	1	0	3	23
珠海空港经济区	1	2	0	3	23
三亚空港经济区	2	1	0	3	23
宁波空港经济区	1	1	0	2	29
贵阳空港经济区	1	1	0	2	29
长春空港经济区	1	1	0	2	29
南昌空港经济区	1	1	0	2	29
合肥空港经济区	2	0	0	2	29
呼和浩特空港经济区	1	1	0	2	29
哈尔滨空港经济区	1	0	0	1	35
温州空港经济区	1	0	0	1	35
太原空港经济区	1	0	0	1	35

数据显示，北京、广州、重庆三城分列前三，在餐饮上大大满足了出行群体

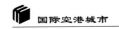

日益多样化的需求。其中，快餐连锁类最大分值为 7，分别为广州、武汉；咖啡类最大分值为 7，为北京。在品牌中，传统的连锁快餐 KFC、MCDONALD'S、味千拉面出现频次最高，咖啡厅中则是星巴克、COSTA、太平洋咖啡更受青睐。

在网红美食类，仅有北京、广州、重庆、上海四地得分，这表明全国连锁知名餐饮店在空港经济区的发展还需要继续加强，我国空港经济区的人气餐饮品牌还有广阔的开发入驻空间。空港经济区与城市主城区的商业发展程度的不平衡、不同步现状说明，尽管近年来空港休闲服务功能增长迅速，但从城市生活便利度、城市发展成熟度角度看，仍与主城市商业发展程度有一定脱节。机场餐饮无论是品类还是品牌都稍显单一，尚有很大的发展潜力。

3.6 评价指标设置

3.6.1 评价指标体系框架

根据以《国际空港城市——在大空间中构建未来》为代表的相关著作中对空港经济区的分析，本报告将空港经济区综合竞争力评价分为枢纽机场、腹地经济、空港经济和交通体系四大指标体系。其中，枢纽机场是空港经济发展的核心区域，也是空港经济区发展的载体；腹地经济主要体现在城市经济、商务活动、旅游活动、外贸发展等方面，这些方面都为机场提供了丰富的客货源；空港经济体现机场周边地区受机场吸引和辐射的空港产业发育情况；交通体系是空港发展的重要依托条件。针对各大机场的特点，考虑资料可得性和可量化性，本报告设计了空港经济综合竞争力的指标体系。

3.6.2 样本采集范围

根据民航局《2018 年民航机场生产统计公报》，我们选取 2018 年客流吞吐量超过 1000 万人次的 37 个民航机场（涵盖 36 个城市）进行量化评价，以期得到客观翔实的排名数据，为各地空港经济发展提供有力支持。

3.6.3　数据采集来源

综合竞争力分析指标分为四大板块，分别为枢纽机场、腹地经济、空港经济和交通体系。枢纽机场及交通体系的相关数据如客货吞吐量、起降架次和交通运输等信息均从机场网站以及民航业相关网站获取；腹地经济数据来源于 2018 年空港经济区所在地的国民经济与社会发展统计公报；空港经济相关数据来源为各空港经济区官方网站和地方政府网站公开资料，综合采用统计数据和采样评估两种方法进行评价。

第4章 国内外空港经济区个案介绍

4.1 国外主要空港经济区发展介绍

全球航空市场格局与人口、经济和社会发展水平息息相关，欧洲、北美和亚太作为全球最大的三大航空市场，旅客吞吐量和货运吞吐量都占据全球市场的主要份额，其空港经济发展水平也在全球遥遥领先。全球最大的客运及货运枢纽主要分布在以美国为主的美洲地区：在客运方面，以亚特兰大、洛杉矶、芝加哥为首的美国大都市和城市群占据优势地位；在货运方面，联邦快递总部基地所在的孟菲斯机场、迈阿密机场排名靠前。欧洲传统经济大国在航空方面同样有不俗表现，著名四大区域枢纽——法国巴黎戴高乐机场、德国法兰克福机场、荷兰阿姆斯特丹机场、英国伦敦希思罗机场以及其他机场的国际化运营能力在全球领先。亚太地区，依据人口优势，首都和经济大都市同样表现优异，新加坡樟宜机场、韩国首尔仁川机场、中国香港机场都在全球榜单中排名靠前。机场的发展壮大带动了周边地区的产业集聚和园区建设，其空港经济区的建设发展也处于领先地位。

国际空港经济区的起源和发展较早，从世界范围来看，空港经济区的概念起源于20世纪的欧洲。1959年，爱尔兰香农国际航空港自由贸易区的成立，标志着全球首个空港经济区的诞生。在半个世纪的发展中，国际各大机场因地制宜地形成了优势机场发展模式，将空港所在地区开拓成对外发展的中坚力量，先后出现了荷兰史基浦机场、韩国仁川机场、新加坡樟宜机场、德国法兰克福机场等享誉全球的知名空港模式。这些地区的空港经济发展十分系统成熟，以空港产业为基础，打造了各具特色的工业园区和优势产业，形成汇集客流、物流、资金流、信息流，集交通、贸易、金融、高端服务、研发创意、休闲娱乐等多功能一体化的空港经济区，成为全球经济中的关键枢纽节点和区域内国际化程度最高的航空大都市。在技术创新、产业集聚与分工细化的多重推力下，空港经济区经历多阶段的演变，日趋先进成熟，国外的空港经济区建设已累积了丰富的经验。

在西方的空港经济研究中普遍认同一个观点，即空港经济区是经济发展的有利推动因素，空港经济及空港城市往往成为区域经济的重要基础。从机场衍生出的优势产业格局对于区域建设的空间格局会产生显著影响，成为空港城市与世界经济连接的支点。从 20 世纪 80 年代起，世界的大型现代化机场，纷纷从固有的机场单一发展模式，向多功能、多层次、综合开发模式转变，通过科学规划、合理布局，将现代化、生态化、信息化相结合，建立完善的空港经济区发展体系，推动空港经济发展阶段高级化。目前，国际主要机场周边的空港经济产业群主要分为三类：以航空产业、汽车工业、传统制造业为主的制造业，以商贸服务、物流产业、金融产业、会展中心、信息服务、印刷传媒为主的现代服务业，以及以科研产业、高科技产业、生物医疗、航空产业为主的知识型产业。其中，空港经济区的产业选择往往并不局限于发展某一产业群，而是有重点地聚焦优势产业、全面发展。由于国内空港经济区起步时间较晚，发展相对滞后，借鉴和学习国外空港经济区的优秀案例也能为我国空港经济区建设提供经验教训。在这里，我们选取了其中富有代表性和参考性的五大国际机场。

4.1.1　阿姆斯特丹国际机场

4.1.1.1　概要

阿姆斯特丹国际机场（Schiphol），又称史基浦机场，也称西佛尔机场，位于荷兰首都阿姆斯特丹西南部。阿姆斯特丹国际机场三字代码 AMS，四字代码 EHAM 机场。距阿姆斯特丹 15 千米，是世界上距离市中心第二近的大型国际机场，是荷兰皇家航空公司的所在地，同时机场也是 Schiphol 火车站。

4.1.1.2 发展历程

阿姆斯特丹国际机场建成于 1916 年，为重要的航空枢纽，每年都有大批旅客以该机场作为进入欧陆地区的入口点。其吞吐量仅次于伦敦希思罗、巴黎戴高乐以及法兰克福机场，为欧洲第四大机场。随着 2003 年航空城的建成，现在的阿姆斯特丹国际机场已经不单单是一个机场，确切地说，它是聚集了客流、物流、展览、观光以及娱乐的"航空都会"，成为荷兰通往欧洲的门户和连接世界的跳板。

4.1.1.3 战略定位

阿姆斯特丹国际机场充分利用和发挥其各方面优势，已形成多个具有多功能特色的园区，正日益成为高质量商业园区的发展中心。这里对于国际商界来说极富神奇魅力，吸引了众多国际大公司前来投资，将成为更广泛经济活动的吸引极和增长极。

4.1.1.4 产业发展

机场周边集聚了物流、航空科技、商务金融、创意工业、信息通信技术、生物工程及医疗保健研究等多种类型产业；吸引了近 600 家与航空服务业有关的公司或企业设立总部或办公室，超过 1400 家国际企业设立总公司或欧洲地区的分公司。其中，仅航空科技工业如飞机零部件生产、航空机械维修保养及航空教育培训等每年就为荷兰带来超过 1100 亿欧元的收益和 6 万个左右就业岗位。机场东南边有处占地 10 平方千米的高尔夫球场和一个占地 1.5 平方千米的阿斯米尔鲜花拍卖市场。这是世界上最大的鲜花交易市场，全球 80% 的花卉产品都在这里交易。

阿姆斯特丹国际机场也是一个重要的物流枢纽，许多欧洲公司把欧洲总部、营销部门、训练中心、零件中心（后备）、共享服务及研发中心等设在这里。史基浦南部、东南部已发展成专业货物处理业、仓储业及配销业区；而在史基浦中心和东部等地发展运筹园区及商业园区。

4.1.1.5 空间布局

从空间布局来看，阿姆斯特丹国际机场周边的用地分布大致遵循圈层影响模式，且各类园区混合布局，复合化程度高，这也大大地加强了机场区域的活力。

第一，史基浦运筹园区（Schiphol Logistics Park）。由史基浦地区发展公司

（Schiphol Area Development Company）、KLM 以及史基浦地产公司（Schiphol Real Estate，100% 史基浦集团拥有）联合开发，约 70 公顷，规划建设的目的是吸引大规模物流企业进驻。

第二，史基浦 Oost 是史基浦第二大商业圈。进驻公司包括 KLM、空运管理局、移民移入局、Eagle Global Logistics 等。因该园区为史基浦的发源地，历史悠久且部分建筑老旧，史基浦地产公司拟订再发展计划。

第三，Lijnde 机场商业园。位于机场西北方，占地 35 公顷，是一个依托空港发展相关业务的高质量商业园。自 2001 年投入使用后，先后吸引了如诺基亚、IATA、菲亚特汽车公司等大型公司入驻。

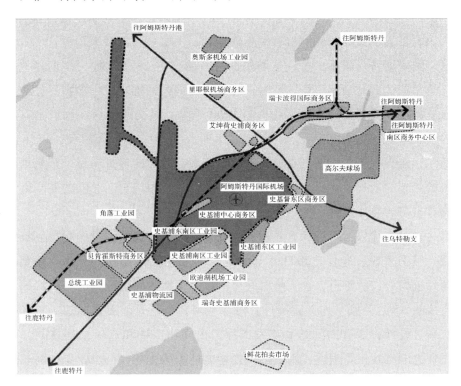

图 4.1　阿姆斯特丹国际机场空间布局

资料来源：国际国内典型航空城及物流发展模式［EB/OL］．中智投资咨询，http://www.czztz.com/tuiguangzhishi/20170324/401.html，2017 − 11 − 01.

闫永涛，李文龙．国内外典型空港周边地区发展分析及启示［A］//中国城市规划学会．城市时代，协同规划——2013 中国城市规划年会论文集（14 − 园区规划）［C］．中国城市规划学会：中国城市规划学会，2013：287 − 300.

第四，Riekerpolder 国际贸易园。坐落在 A4 高速公路附近，距阿姆斯特丹国际机场和市中心都只有不到 10 分钟的车程。IBM 公司荷兰总部就设在这里，该公司为综合发展中心，其选址再次说明该地区的各种明显优势。该贸易园同时也促进形成产业聚集，加速空港经济发展。

第五，紧邻机场的周边地区。建设 5 平方千米的物流园区，积极引进大型汽车制造企业、电子通信企业、航空企业、生物制药企业、IT 企业进驻物流园区，同时预留 3 平方千米的土地作为未来发展用地。

4.1.1.6　打造优势

第一，地理优势：阿姆斯特丹国际机场位于多种交通模式并存的集合处，兼有航空交通、公路交通和水路交通。它处于欧洲西北部主要十字路口，在 500 千米范围内有世界上最成功的港口、国际铁路线、主要公路以及人口数达 1.6 亿的工业区。阿姆斯特丹国际机场位于阿姆斯特丹西南方 15 千米处，是世界上距离市中心第二近的大型国际机场。同时，邻近全球最大的港口之一鹿特丹，距离主要城市鹿特丹、海牙、乌特勒支均不超过 60 千米。该交通枢纽在国内占有相当重要的位置。

第二，航线优势：机场具有良好的航线资源，巨大的客货运量。阿姆斯特丹国际机场优越的地理位置使其成为相当重要的北欧空中门户、北欧的航空网络中心，拥有丰富的航线资源。

第三，设施优势：机场拥有先进的软硬件设施。阿姆斯特丹国际机场拥有五条跑道，机场第五条跑道于 2003 年开始营运，此跑道总长度 3800 米，是阿姆斯特丹国际机场最长的跑道，在尖峰时间可处理 120 架飞机起降，而与机场第五跑道相连接的 A5 道路则是连接鹿特丹、海牙至阿姆斯特丹的重要通道。机场采取单一航站楼设计，所有的到达和出发大厅、史基浦广场和火车站都在同一屋顶下。两个进出口处相距很近，南进出口处客流能力为 1800 万人次/年，而东进出口 1994 年正式营运，其客流能力为 900 万人次/年。机场作为物流中转基地，提供超过 13 万平方米的货物仓库，此外，还拥有一系列其他服务设施，包括机场旅客服务。阿姆斯特丹国际机场已成为一个多功能、多产业的区域商业中心。

第四，交通优势：机场拥有发达的外围交通。阿姆斯特丹国际机场建有发达的卡车运输网络。该机场与高速公路相连。机场广场下面是地铁车站，乘地铁可直达连接欧洲铁路网的阿姆斯特丹中心火车站。机场的客流汇集和疏散能力在国际空港中属一流水平，对乘飞机往来世界各地的旅客极为方便。

4.1.2　关西国际机场

4.1.2.1　概要

关西国际机场，常通称为大阪关西机场或简称（大阪）关空，是一座由三个日本大阪府的行政单位管理的机场，分别是泉佐野市（北）、田尻町（中）和泉南市（南），为京阪神都会区和关西地方的主要机场，邻近有神户机场、大阪国际机场，位于大阪湾东南部的泉州近海离岸 5 千米的人工岛上。关西国际机场是全世界第一座百分之百填海造陆而成的人工岛机场，同时也是一座大型海上国际机场。

4.1.2.2　发展历程

关西国际机场距离大阪市约 38 千米，距离大阪市中心只需约 1 小时的车程。机场于 1987 年动工兴建，于 1994 年 9 月 22 日正式投入使用，空港城面积为318.4 公顷，其中物流区的面积近 25 公顷，包括国际航空货物运输服务机构、物资与保税仓库，支持海、陆、空物流的 24 小时货物装卸基地和临空国际物流中心，该物流中心是日本西部规模最大的处理国际航空物资的地方。

自开港以来，客货量不断增长，作为大阪关西地区的新的空中大门，关西国际机场发挥着重大的作用，成为代表日本航空运输的国际枢纽机场。关西国际机场是海上机场，地区还存在一些环境问题。为此，日本在关西机场对岸建设了空港城，通过联络桥与机场相连接。空港城与机场形成一体，引导周围地区的开发，一方面有助于创造富有活力的空港城市圈；另一方面，结合区域性交通、信息网络，形成大阪湾环状城市、南北主轴、第二国土轴。

4.1.2.3　战略定位

面向 21 世纪，为最大限度地利用机场带来的优势，以形成富有活力和舒适的城市，关西机场制定了几点基本方针：一是建设富有魅力的设施，使城市富有人情味和活力；二是充分利用丰富的水和绿化，创造优美的城市景观；三是考虑老年人、残疾人的需求，为所有人提供安全、舒适、方便的服务；四是考虑城市发展的设施布置和空间的有效利用。因此，对于空港城的企业来说，不仅要将空

港城作为产业活动的中心，而且应为建设与"交流和高舒适度"这一开发概念相符合的空港城发挥作用。

4.1.2.4　产业发展

机场分为六大园区：

第一，商业业务区是空港城的中心地区，它决定了城市的形象和魅力，因而是空港城整体建设的先导区，通过高水准的创新和规划，可以形成具有良好功能的街区。建设空港城的大规模先导核心设施，需完善商业、办公、文化娱乐、国际交流、旅馆等基本功能，以及医疗、情报、生活等服务性功能。

第二，物资流通区为支持和充实关西国际机场航空货物的吞吐功能，除了具备航空货物处理设施以外，还利用海、陆、空交通枢纽这一有利的地理条件，成为拥有制造、加工功能的流通仓库，并与港口设施形成一体的综合性多功能流通中心。设置了进出口共同仓库（配送中心、流通仓库）、航空货物的制造设施和加工设施、国内船用码头、旅客客运大厅、海上货物处理设施等主要设施。

第三，空港相关产业区促进与国际交流基地符合的形态、环境、功能的制造业的发展。该产业区将加强轿车配套产业及与其相关的临空型高科技产业的发展。航空食品工厂等在机场是不可缺少的，以空港相关产业为中心支持机场功能的同时，加强相关的研究开发与销售。

第四，在公园绿地区利用空港城滨水这一优势，形成利用"海渎景观"的绿地和标志性绿地等；考虑与大海的亲水性，设置人工小溪，创造以水为主题的舒适的城市环境。

第五，住宅区：作为居住在机场附近职工的住宅用地，需确保充分的开敞空间和丰富的绿地，形成具有良好居住环境的高水准居住空间，同时考虑居民的生活方式，设计多样化的住宅，如单身者住宅、空港相关职工宿舍、面向家庭的住宅、社区中心等。

第六，工业区：为改善地区的生活环境和生产环境，在强化产业、产品的高附加值，更新产业结构和促进工厂搬迁的同时，打破制造业的条条框框，使拥有研修、教育功能和企业宣传功能的项目也能入区。

4.1.2.5　空间布局

在24小时机场对岸，拥有面积318.4公顷的"空港城"，土地利用规划按九类划分。各个区由"临空大道"为主的干线道路、绿地网络相连接，通过发挥各种功能的优势，进行有机结合。作为亚洲—太平洋地区的国际商务基地和支撑 24 小时机场的城市，努力协调和发展人与产业、工作和休息的关系。

4.1.2.6 打造优势

关西国际机场基础设施完善，空港城着眼于人的未来，积极发挥空港支援城市的功能，作为窗口城市的景观，促进这些功能与地区相结合，进行系统化的城市基础设施建设。

4.1.3 仁川自由经济区

4.1.3.1 概要

韩国仁川国际机场坐落在韩国著名的海滨度假城市——仁川西部的永宗岛上，邻近黄海。距离首尔 52 千米，离仁川海岸 15 千米，是国际客运及货运的航空枢纽。机场周围无噪声源影响，自然条件优越，绿化率达 30% 以上，环境优美舒适，加上其整体设计、规划和工程都本着环保的宗旨，亦被誉为"绿色机场"。

仁川国际机场位于首尔以西，建于仁川市的永宗岛。机场与首尔以 130 号高速公路连接，有班次频密的巴士及渡轮连接机场与韩国各地。而连接仁川国际机场及金浦机场的高速公路亦已启用，为国际及国内航班的转机乘客提供更大的方便，自 2007 年起有铁路连接两个机场，以及首尔地铁第五线提供服务。落成的仁川大桥连接永宗岛和松岛新区。

4.1.3.2 发展历程

2003 年 8 月，仁川市被政府指定为自由经济区，以吸引国外投资和促进跨国商业发展。仁川自由经济区由松岛、永宗和青萝三个地区组成，规划开发面积为 2 万公顷，计划投资 125 亿美元。这个自由经济区将分两期开发，将松岛地区建成国际商务和高新技术中心，把仁川国际机场所在的永宗地区开发为航空和国际物流中心，将青萝地区开辟为国际金融和旅游中心。

仁川国际机场已完成了第一、第二阶段的建设。其中，航站楼面积达到 49.6 万平方米，货运区面积达到 73.7 万平方米，年处理能力达到 450 万吨。根据仁川国际机场官方披露的发展战略，仁川机场还将进行第三阶段建设，其终极目标是达到 5 条跑道，航站楼面积达到 139 万平方米，货运服务区面积达到 189.3 万平方米，年旅客吞吐量达到 1 亿人次，货邮吞吐量达到 1140 万吨，航班量达到 74 万架次（见表 4.1）。

表 4.1　仁川国际机场规划建设介绍

设施	第一、第二阶段	第三阶段	合计	最终目标
占地面积（平方米）	21292000	1105000	22397000	47428000
跑道（条）	3	—	3	5
航站楼（平方米）	496000	384000	880000	1390000
旅客广场（平方米）	166000	—	166000	166000
客运停机坪（平方米）	2437000	790000	3227000	4398000
货运区（平方米）	737000	410000	1147000	1893000
航班（架次）	410000	—	410000	740000
旅客（百万人）	44	18	62	100
货邮（百万吨）	4.5	1.3	5.8	11.4

资料来源：欧亚主要大型机场航空物流发展经验与启示 ［EB/OL］. 中国民用航空网，http：// www. ccaonline. cn/news/hqtx/323040. html，2017 – 03 – 28.

汤容柱. 欧亚主要大型机场航空物流发展经验与启示 ［J］. 空运商务，2015（5）：29 – 35.

4.1.3.3　战略定位

韩国政府将仁川空港经济的发展上升为国家战略，作为全球化时代参与国际竞争、实现发展雄心的核心引擎，在机场运行初始就先行制订了抢占东北亚经济中心的目标和完善的规划，充分发挥了机场的辐射带动作用。

4.1.3.4　产业发展

仁川自由经济区的定位和发展目标是成为国际商务和知识密集型产业集聚的新城。按照这一发展目标，规划了知识产业园区、尖端生物科技园和国际商务中心等园区。重点引进 IT、BT 及 R&D 相关项目，引进跨国公司的地区总部、国际组织的地区总部，着重发展会展业和贸易业，打造具有世界最高水平的知识密集型产业聚集地，其中重点发展货运服务。仁川国际机场的货运服务设施以自由贸易区为主体，包括传统的货运服务区与物流园（见图 4.2）。自由贸易区分为 A、

B 两个区域，面积分别为 467682 平方米和 467837 平方米。

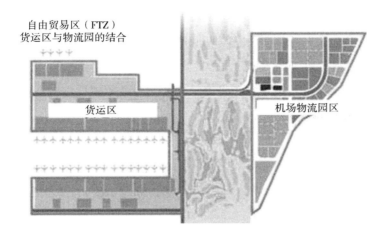

图 4.2　仁川国际机场货运区示意图

资料来源：欧亚主要大型机场航空物流发展经验与启示［EB/OL］. 中国民用航空网，http://www. ccaonline. cn/news/hqtx/323040. html，2017 – 03 – 28.

汤容柱. 欧亚主要大型机场航空物流发展经验与启示［J］. 空运商务，2015（5）：29 – 35.

　　货运区有六个货站和一个美军邮政中心，合计 234644 平方米，年处理能力达到 387 万吨。包括大韩航空货运站，面积为 81900 平方米，能够处理 146 万吨货邮；韩亚航空货站，面积为 50400 平方米，能够处理 111 万吨货邮；阿特拉斯航空货站，面积为 11250 平方米，能够处理 20 万吨货邮；DHL 转运中心，面积为 9454 平方米，能够处理 21 万吨货邮；其他航空公司公用的中性货站，面积为 50400 平方米，能够处理 52 万吨货邮；国际邮件中心（EMS），面积为 29724 平方米，能够处理 35 吨货邮；美国邮政中心面积约为 1516 平方米，年处理能力为 2 万吨。

　　物流园包括一个物流中心与各公司加工贸易区。物流中心共分两层，总面积约为 12970 平方米，可用面积为 9790 平方米。其中，一层为仓储区，面积约为 8463 平方米（可用面积为 7156 平方米）；二层为办公区，面积约为 4507 平方米（可用面积为 2463 平方米）。入驻物流园的主要是一些世界知名的物流服务公司，

如 AMB、IACC、IBEXL 等。

4.1.3.5 空间布局

仁川自由经济区分为三个部分：机场所在的永宗岛，机场东北面的青萝自由贸易区，机场东南面的松岛自由贸易区。产业类型丰富多样，但均凸显高端性和服务经济特征。在空间布局模式上，仁川自由经济区则更依赖交通走廊的辐射作用，按照空港都市区的目标建设。自由经济区的三部分相互对立，依靠快速便捷的交通网络连接，并进一步通向仁川和首尔中心（见图 4.3）。

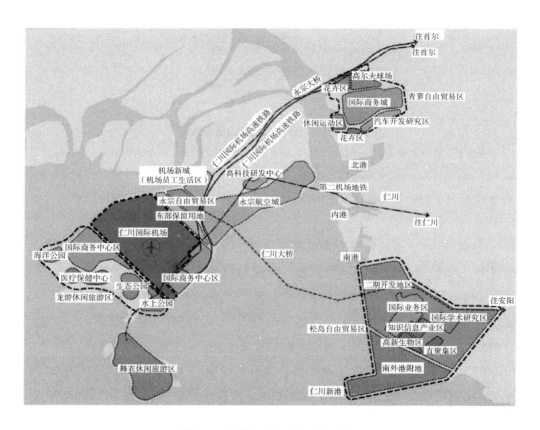

图 4.3 仁川自由经济区空间布局

资料来源：闫永涛，李文龙．国内外典型空港周边地区发展分析及启示［A］//中国城市规划学会．城市时代，协同规划——2013 中国城市规划年会论文集（14 - 园区规划）［C］．中国城市规划学会：中国城市规划学会，2013：287 - 300.

4.1.3.6　打造优势

第一，地理优势。仁川国际机场位于连接欧洲和东亚的西伯利亚横跨航线上，在连接东北亚、东南亚和北美地区的北太平洋航线的最前方。目前，机场总共有三条跑道，客运吞吐量达到 4000 万人次，货运量达到 400 万吨。从仁川国际机场起飞，1000 千米范围内，可以飞经 43 个城市。仁川国际机场交通便利，对周边地区的辐射力强，多条航线交汇于此，航线网络已相当发达，目前仁川国际机场已成为东亚地区航空网络的中心。

第二，交通优势。仁川国际机场与韩国货物流量最多的首尔都市圈的关口港——仁川港，在地理位置上紧密相邻。仁川港位于朝鲜半岛靠近中国的一侧，作为对华交易的枢纽港，它是韩国与远东地区，特别是与中国进行交易量最多的港口。仁川国际机场背靠高速公路、铁路、仁川国际机场专用铁路等，与首都圈背后市场直接连接的通畅的内陆运输网使该地区可以提供综合的货物运送服务。仁川港口地区的海陆空交通运输网络功能非常健全，为仁川发展成为具有国际竞争力的东北亚航空运输枢纽、物流中心，并最终成为国际经济交换中心提供了强有力的支撑。

第三，政策优势。为了能迅速处理自由经济区的相关政策业务，各自由经济区设置专门的行政机构，即"自由经济区域厅"。对外国人投资自由经济区给予优惠政策：在租税方面，在 OECD 规定的范围内对外资企业给予最大限度的放宽政策；对自由经济区的大规模外国人投资，按照现行的外国人投资法律给予支持鼓励；另外，对中规模的投资按照济州国际自由都市的水准来支援；同时，对扩大现行的高技术事业和产业支援服务行业种类、知识产业及文化教育产业也同样适用。

4.1.4　孟菲斯机场

4.1.4.1　概要

孟菲斯国际机场是美国田纳西州孟菲斯的国际机场，距孟菲斯市中心约 12 千米，为世界最大货运机场。该机场是美国西北航空的第三大转运中心，联邦快递全球物流中心 "Super Hub" 的总基地就设在这里，1993～2009 年连续 17 年孟菲斯国际机场的货邮吞吐量位列全球第一。

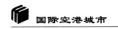

4.1.4.2　发展历程

孟菲斯机场于 1929 年在美国孟菲斯市建立，1969 年该机场更名为孟菲斯国际机场。虽然机场规模在美国并不在前十名之列，但自 1992 年起，孟菲斯国际机场一直是全球第一大货运吞吐量空港，同时也被称为"美国的门户"。

4.1.4.3　战略定位

孟菲斯市被称为北美洲的物流基地，整个城市发展都以机场及物流业为重心。孟菲斯空港区是全球第一个明确提出按照约翰·卡萨达教授的空港都市区理念发展的机场，并采取典型的圈层发展模式。卡萨达教授曾指出孟菲斯国际机场周边是美国境内最适合发展成空港都市区的区域，孟菲斯空港经济区正努力实现从单一物流主导到综合发展的转型。

4.1.4.4　产业发展

第一，国际物流业。优良的区位优势、熟练的物流产业工人以及综合交通运输的枢纽地位，使孟菲斯市赢得了"美国转运中心"的称号。在孟菲斯，城市的核心竞争力正是交通运输业以及物流产业。作为联邦快递世界转运中心所在地，拥有 UPS、DHL、USPS 等航空快递公司以及超过 400 家卡车货运公司，孟菲斯能提供最高效的物流服务。统计显示，在孟菲斯，从事物流行业的产业工人比重远远高出美国其他地区。

其中，冷链物流的发展是孟菲斯空港经济区另一个特色。联邦快递启用联邦快递冷链中心。该中心位于美国田纳西州孟菲斯的联邦快递超级转运中心，占地 7710 平方米，专为安全运输对温度敏感的医疗保健产品和易腐产品而精心设计。它不仅是联邦快递全球冷链网络的重要组成部分，也为 FedEx 医疗保健解决方案提供了更丰富的产品组合。在全球，每年有价值千亿美元的医疗保健产品销售依赖于冷链物流，以确保挽救生命的产品在运输途中完好无损，并且能够随时供应全球市场。

第二，生物科学。孟菲斯与全世界便捷的联系通道使之成为医疗设备、药品、心脏病器材等制造行业落户的最佳选择地点，同时，孟菲斯市还拥有一大批高等院校以及医学健康研究机构，不但能为世界提供出色的医学服务以及医学研究，还能提供一大批熟练的医疗技术人员以及世界知名的科学家。优良的区位条件、出色的物流能力，加之在医疗技术方面的突出优势，使孟菲斯在医疗健康业、生命科学等方面长期保持较高的发展水平。孟菲斯市 GDP 的 30% 都来自生物科学产业,当今全世界最顶尖的四大制药公司,都在孟菲斯建有分支机构。

第三,制造业。近年来,孟菲斯市约有一半的新增就业机会来自制造业。制造业的主要产品覆盖了从医疗器材到发动机,从空调器到太阳能帆板,从基于地区发展的航空物流到医疗卫生产业的诸多领域。相关制造业在孟菲斯有十分广阔的发展前景。

4.1.4.5　空间布局

随着机场周边地区的发展成熟,孟菲斯—谢尔比县机场委员会对未来发展提出了更高的要求,并在 2007 年的机场年度报告中计划以三层发展模式促进孟菲斯市由单纯的物流枢纽转变成综合性的空港都市区(见图 4.4)。

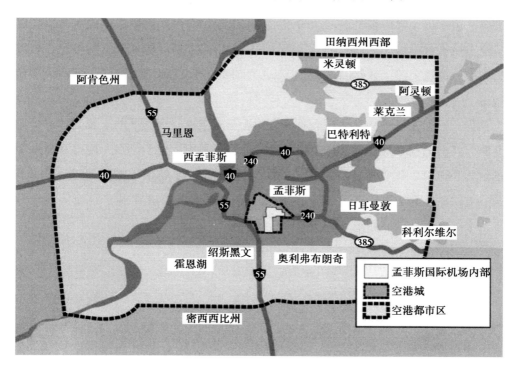

图 4.4　孟菲斯空港都市区的三层发展模式

资料来源:闫永涛、李文龙.国内外典型空港周边地区发展分析及启示[A]//中国城市规划学会.城市时代,协同规划——2013 中国城市规划年会论文集(14 - 园区规划)[C].中国城市规划学会:中国城市规划学会,2013:287 - 300.

第一层：孟菲斯国际机场内部。

第二层：空港城——以机场为圆心 5 分钟车程内的范围，以航空业相关的工商业为主的地区。机场应与各种相关的工商业机构、市政府及县政府共同合作，将该地区打造成国际企业进驻美国的入口。

第三层：空港都市区——以机场为圆心 15 ~ 20 分钟车程内的范围，跨越三个州（密西西比州、阿肯色州及田纳西州）。都市区内将会有各种不同的产业，铁路、公路及水路交通将各地区系统地连接在一起。

4.1.4.6 打造优势

第一，区位优势。国际机场所在的孟菲斯市位于美国中部的田纳西州西南隅、密西西比河东岸。而孟菲斯国际机场恰好处于美国国内航线网络的中心以及著名的俄亥俄快递中枢带上，东西兼顾、南北适中，两小时以内的航程几乎覆盖了全美所有大中城市。同时，孟菲斯又是美国中南部地区的水陆交通枢纽，以其为中心的高速公路、铁路网四通八达，4 小时的车程可到达美国中南部的大多数城市。

第二，交通优势。发达的交通网络是孟菲斯空港经济发展的重要支撑。公路方面，共有七条联邦高速公路及州际公路穿越，利用货柜车可在一晚内从孟菲斯市到达其他 152 个主要城市。铁路方面，孟菲斯市亦是轨道运输的枢纽地带，五条一级铁路在此交汇，从孟菲斯市可通过铁路直达美国 48 个州、加拿大及墨西哥。水路方面，孟菲斯港是全美第四大内陆港口。

4.1.5 法兰克福机场

4.1.5.1 概要

法兰克福国际机场是德国最大的机场，是全球国际航班重要的集散中心。法兰克福航空货运城是全球 10 大货运枢纽之一，能够服务于半径 200 千米，约 3800 万人口，约占德国 43% 的区域，基本处于德国的国际企业制造基地中心，三小时飞行圈能够覆盖欧洲大部分城市。

法兰克福国际机场已成为全球最重要的国际机场和航空运输枢纽之一，也是仅次于伦敦希思罗国际机场和巴黎夏尔戴高乐国际机场的欧洲第三大机场。

4.1.5.2　发展历程

1936 年莱茵—美因空军基地启用，是德国第二次世界大战时期第二大机场（仅次于柏林的腾珀尔霍夫机场）。战后，它成为柏林空中运输的主要基地。在 1972 年机场新的航站楼（2015 年的 1 号航站楼）投入使用之前，它都不是主要的国际航班集散中心。

4.1.5.3　战略定位

法兰克福机场航空物流的发展，并不是无序状态的，而是有个明显的依托，呈现规划的系统性与布局的整体性，依托自由贸易区而完成功能规划与布局。在拥有绝对整合能力与管控能力的基础上，立足于系统的规划与整体布局，在实际开发管理与运营管理过程中，采取了灵活的建设与模式。

法兰克福机场运营采取了独立开发、合资开发、联合开发与 BOOT 等多种建设与运营模式，有效解决了投资不足的问题，也解决了公正、公平竞争的平台建设问题。

4.1.5.4　产业发展

北货运区主要以租赁的方式交给基地公司汉莎航空运营，南货运区则完全由机场独立运营。南货运区拥有一个货运中心，是由众多的市场领先的货运代理作为它们的主要传输和配送设施。超过 130000 平方米的办公室和 355000 平方米多用途空间，28 个货机位。南货运区的主要运营商为法兰克福机场货运服务有限公司（FCS），主要服务包括：

第一，航空邮件中心。它是一个综合的、全面的服务提供商，处理法兰克福机场的航空邮件。该公司是一家在法兰克福机场的合资企业（40%），另外还有汉莎货运（40%）和德国邮政（20%），主要提供邮件处理服务。

第二，动物休息室。它是世界上最高级的动物综合处理站，面积为 3750 平方米，负责运行休息与医疗服务，有 42 个约 28 平方米的大动物畜栏，39 个小动物的畜栏与特殊的鸟舍，以及 12 个单独的温度控制调节室。各种动物的房间，包括从蜂箱到斑马，从纯种赛马到大象，能够完成对动物的护送休息和清洗，实施 24 小时视频监控。法兰克福机场是欧盟第一个拥有完善服务能力的进口动物机场。

第三，鲜腐中心。约有 9000 平方米仓储区，年处理鲜腐货物约 10 万吨。该中心能够实现温度可调节的存储，拥有 20 个不同温度调节区，具有完善的税务处理、文件及欧盟质量管理程序，其植物检验基本上实现了从早上 6∶00 到晚上 10∶00 的 18 小时服务。

第四，快件服务区。主要物流服务商有 DHL、FedEx 和 TNT 等。

第五，全面货运服务。主要由法兰克福机场货运服务有限公司完成。FCS 是法兰克福机场集团全资子公司，是法兰克福机场最大的非航空公司下属的货物处理机构，能够处理所有类型的货物。其主要服务包括：进出口货运处理和转运处理；特殊货物处理，包括危险物品、快递、快递发货、易腐冷藏货物、动物、贵重物品和航空邮件等；收运和分拨服务，包括"绿色通道"服务；临时存储和运输前的"准备服务（装箱打板等）"；卡车航班服务；加急货运服务（最后一分钟）；危险品存储服务（除爆炸材料）；机坪服务；报关服务；安检服务和保税仓储服务等。

4.1.5.5 空间布局

法兰克福机场拥有四条跑道，常用跑道为南跑道与北跑道。分别拥有南北两个货运服务区，总面积达到 149 万平方米。其中，南货运区为 98 万平方米，实际利用面积为 70.3 万平方米；北货运区为 51 万平方米；另有一个专业易腐（鲜货）货物处理中心，包括 9000 平方米的仓库与 2000 平方米的办公室。

表 4.2 法兰克福机场货运区简介

货运区与特殊设施	面积
总货运区	149 公顷
南货运区	98 公顷（实质 70.3 公顷，不包括道路）
北货运区	51 公顷
易腐（鲜货）中心	9000 平方米仓库，2000 平方米办公室

资料来源：欧亚主要大型机场航空物流发展经验与启示 ［EB/OL］. 中国民用航空网，http：//www. ccaonline. cn/news/hqtx/323040. html，2017 - 03 - 28.

汤容柱. 欧亚主要大型机场航空物流发展经验与启示 ［J］. 空运商务，2015（05）：29 - 35.

4.1.5.6 打造优势

第一，组织结构优势。法兰克福机场的运营管理机构为法兰克福机场集团，该集团的主要股东包括德国黑森州政府、法兰克福市政府投资公司、汉莎航空集团，以及两个投资公司与社会公众。法兰克福机场集团在法兰克福机场共有24 家子公司，涵盖了安全、信息、能源、地面服务、清洁、基础设施建设、咨询、保险与地产等几乎所有机场区域可能的业务。其中，与航空主业紧密相关的业务，几乎全部由机场集团控股，其他一些专业性强辅助业务，则以参股为主。

第二，区位优势。法兰克福是全球金融中心之一，是德国最主要的贸易、物流和金融枢纽。据欧洲航空公司协会的排名，该机场是欧洲最高效的骨干枢纽机场。由于位置正处于欧洲中部，因而能从欧盟东扩中受益匪浅，并且相对于和其竞争的欧洲其他机场来说更靠近亚洲，从而使其享有得天独厚的优势。

第三，腹地优势。法兰克福机场位于德国的心脏地带，同时又位于欧洲的中心，法兰克福机场从其地理位置的优势中受益匪浅。该机场拥有航空、铁路和公路网络，这意味着它可以大幅拓展领地，影响范围可达以机场为中心的 200 千米之内，这比任何一个欧洲枢纽机场的覆盖范围都要大。

4.2　国内主要空港经济区发展介绍

4.2.1　郑州航空港经济综合实验区

4.2.1.1　概要

郑州航空港经济综合实验区是我国首个上升为国家战略、目前唯一一个由国务院批准设立的航空经济先行区，规划面积 415 平方千米，规划人口 260 万人，定位于：国际航空物流中心、以航空经济为引领的现代产业基地、内陆地区对外开放重要门户、现代航空都市、中原经济区核心增长极，是一个拥有航空、高铁、地铁、城铁、普铁、高速公路与快速路等多种交通方式的立体综合交通枢纽，是我国内陆首个人民币创新试点、三个引智试验区之一、全国 17 个（河南唯一一个）区域性双创示范基地、河南体制机制创新示范区，被列为郑州国家中心城市建设的"引领"、河南"三区一群"国家战略首位、河南最大的开放品牌、带动河南融入全球经济循环的战略平台。

4.2.1.2 发展历程

2007年10月，为加快郑州国际航空枢纽建设，河南省委、省政府批准设立郑州航空港区。2010年10月24日，经国务院批准正式设立郑州新郑综合保税区。2011年4月，根据中央编办批复精神，经河南省委、省政府批准设立郑州新郑综合保税区（郑州航空港区）管理委员会，为省政府派出机构。2012年11月17日，国务院批准《中原经济区规划》，提出以郑州航空港为主体，以综合保税区和关联产业园区为载体，以综合交通枢纽为依托，以发展航空货运为突破口，建设郑州航空港经济综合实验区。2013年3月7日，国务院批准《郑州航空港经济综合实验区发展规划（2013—2025年)》，标志着全国首个航空港经济发展先行区正式起航。

4.2.1.3 战略定位

第一，国际航空物流中心。建设郑州国际航空货运机场，进一步发展连接世界重要枢纽机场和主要经济体的航空物流通道，完善陆空衔接的现代综合运输体系，提升货运中转和集疏能力，逐步发展成为全国重要的国际航空物流中心。

第二，以航空经济为引领的现代产业基地。发挥航空运输综合带动作用，强化创新驱动，吸引高端要素集聚，大力发展航空设备制造维修、航空物流等重点产业，培育壮大与航空关联的高端制造业和现代服务业，促进产业集群发展，形成全球生产和消费供应链重要节点。

第三，内陆地区对外开放重要门户。提升航空港开放门户功能，推进综合保税区、保税物流中心发展和陆空口岸建设，完善国际化营商环境，提升参与国际产业分工层次，构建开放型经济体系，建设富有活力的开放新高地。

第四，现代航空都市。树立生态文明理念，坚持集约、智能、绿色、低碳发展，优化实验区空间布局，以航兴区、以区促航、产城融合，建设具有较高品位和国际化程度的城市综合服务区，形成空港、产业、居住、生态功能区共同支撑的航空都市。

第五，中原经济区核心增长极。强化产业集聚和综合服务功能，增强综合实力，延伸面向周边区域的产业和服务链，推动与郑州中心城区、郑汴新区联动发展，建设成为中原经济区最具发展活力和增长潜力的区域。

4.2.1.4   产业发展

重点发展具有空港指向性和关联性的高端产业，培育空港高端服务功能和知识创新功能，构筑中原经济区一体化框架下具有明显特色和竞争力的空港产业体系。

第一，航空物流业。以国际中转物流、航空快递物流、特色产品物流为重点，完善分拨转运、仓储配送、交易展示、加工、信息服务等配套服务功能。

第二，高端制造业。以航空设备制造及维修、电子信息、生物医药为重点，建设精密机械产品生产基地，规模化发展终端、高端产品，推动周边地区积极发展汽车电子、冷鲜食品、鲜切花等产业。

第三，现代服务业。大力发展专业会展、电子商务、航空金融、科技研发、高端商贸、总部经济等产业，打造为区域服务的产业创新中心、生产性服务中心和外向型经济发展平台。

4.2.1.5   空间布局

空间结构以空港为核心，两翼展开三大功能布局，整体构建"一核领三区、两廊系三心、两轴连三环"的城市空间结构。"一核领三区"：以空港为发展极核，围绕机场形成空港核心区，以轴线辐射周边形成北、东、南三区。"两廊系三心"：依托南水北调和小清河打造两条滨水景观廊道，形成实验区"X"形生态景观骨架。同时，结合城市功能形成三大城市中心：北区公共文化航空商务中心、南区生产性服务中心、东区航空会展交易中心。"两轴连三环"：依托新G107、迎宾大道打造城市发展轴带，形成实验区十字形城市发展主轴。同时结合骨干路网体系形成机场功能环、城市核心环、拓展协调环的三环骨架（见图4.5）。

总体布局分为四个板块（见图4.6）：

（1）空港核心区：主要发展航空枢纽、保税物流、临港服务、航空物流等功能。

（2）城市综合性服务区：集聚发展商务商业、航空金融、行政文化、教育科研、生活居住、产业园区等功能。

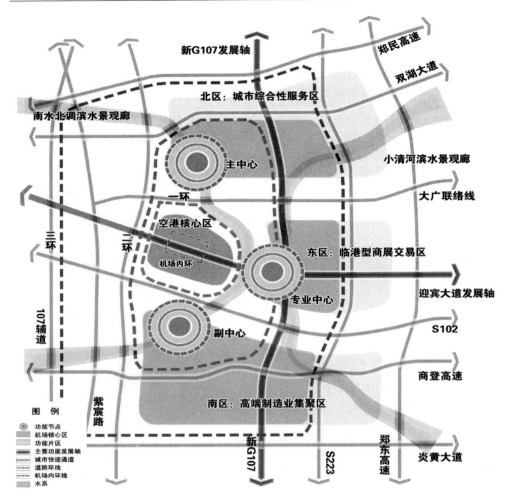

图 4.5　郑州航空港经济综合实验区布局

资料来源：郑州航空港经济综合实验区（郑州新郑综合保税区）官网［EB/OL］. http：//www. zzhkgq. gov. cn/general. jhtml.

（3）临港型商展交易区：主要由航空会展、高端商贸、科技研发、航空物流、创新型产业等功能构成。

（4）高端制造业集聚区：主要由高端制造、航空物流、生产性服务、生活居住等功能构成。

图 4.6　郑州航空港经济综合实验区板块分布

资料来源：郑州航空港经济综合实验区（郑州新郑综合保税区）官网，http：//www.zzhkgq.gov.cn/general.jhtml.

4.2.1.6　打造优势

积极融入国家"一带一路"倡议，实施东联西进，借势发展。加快推进枢纽体系、开放平台、营商环境建设，实现"一个突破口、三个层次"构想。

第一，区位优势。郑州航空港经济区位列八大区域枢纽机场之一，三大经济圈地理中心，2.5 小时航空圈覆盖全国人口的 90%，覆盖全国经济总量的 95%，实现"一网""两链""四港一体"。

第二，交通优势。郑州航空港实验区构建了多式联运体系，位于国家米字形高铁枢纽，开通了国际间郑欧班列，同时也是国家高速公路、干线公路重要枢纽，中原城市群城际轨道枢纽。

第三，产业优势。郑州航空港形成了有序的工业体系，打造开放载体平台，发挥综保区、出口加工区、保税物流中心的优势，建设 E 贸易、电子口岸，铁路集装箱中心站、中原国际港，紧抓"八大千亿级产业集群"，以"四大片区"为突破口，全力推进"万千百工程"，建设大枢纽、发展大物流、培育大产业、塑造大都市，经济社会跨越式发展。

第四，政策优势。提升国际营商环境，"两级三层"管理体制，复制上海自贸区政策，全面深化改革体制机制创新示范区。

4.2.2 北京临空经济核心区

4.2.2.1 概要

北京临空经济核心区是北京市重点建设的六大高端产业功能区之一"临空经济区"的核心区域，总规划面积 170 平方千米，北以六环路为界，南以机场南线高速和京平高速为界，西以京承高速和温榆河为界，东以六环路和潮白河保护绿带为界。北京临空经济核心区以首都机场为核心，距市区 10 千米，距天津港 150 千米，内有 6 条高速公路、4 条快速路、2 条城市轻轨。

4.2.2.2 发展历程

顺义区于 1992 年开始在首都国际机场周边推动发展临空指向的经济开发区，2001~2004 年逐步明确了"依托机场、服务机场、发展临空经济"的思路，并按照圈层影响模式将临空经济区分为核心区、拓展区和辐射区三个圈层。起步规划区面积约 56 平方千米，由原北京天竺空港经济开发区、原北京空港物流基地和原北京国门商务区三个功能区组成。按照发展定位拓展发展区域，最终核心区总面积将达 170 平方千米，于 2014 年 3 月 25 日获北京市机构编制委员会批准整合。

4.2.2.3 战略定位

北京临空经济核心区立足首都城市战略定位,优化创新驱动发展战略,加快"高精尖"产业发展,成为提升核心区综合实力、保持全国临空经济发展领先地位的关键途径。

4.2.2.4 产业发展

首都临空经济区已实现航空产业、临空高新技术产业、现代服务业齐头发展,产业融合相对较好。近年来,现代服务业得到了长足的发展,形成了以物流业、会展业、商务服务业为代表的产业集群。

重点发展具有临空指向性和关联性的高端产业,培育临空高端服务功能和知识创新功能,构筑中原经济区一体化框架下具有明显特色和竞争力的空港产业体系;航空运输业:以国际中转物流、航空快递物流、特色产品物流为重点,完善分拨转运、仓储配送等配套服务功能;战略性新兴产业:以航空设备制造及维修、电子信息、生物医药为重点,建设精密机械产品生产基地,规模化发展终端、高端产品;大力发展现代服务业,打造为区域服务的产业创新中心、生产性服务中心和外向型经济发展平台。

4.2.2.5 空间布局

目前,首都临空经济主要在核心区集聚发展,形成了天竺空港经济工业区、天竺综合保税区、空港物流基地、林河经济开发区、汽车生产基地、国门商务区、新国际展览中心七大功能组团。

4.2.2.6 打造优势

首都临空经济区是我国发展最早、最成熟,也是最典型的临空经济区,已具相当规模,进入深化发展阶段。目前首都临空经济核心区已成为首都东部发展带最具经济活力的新增长极,呈现出向周边辐射发展的强劲态势。

首都临空经济区正在向综合性的航空城转变,将结合顺义新城和周边各城镇,进行既有功能的整合和新兴功能的开发,实现一体化的城市功能转化和产业结构升级,促进城市空间形态演进,对全国各空港经济区发挥示范效应。

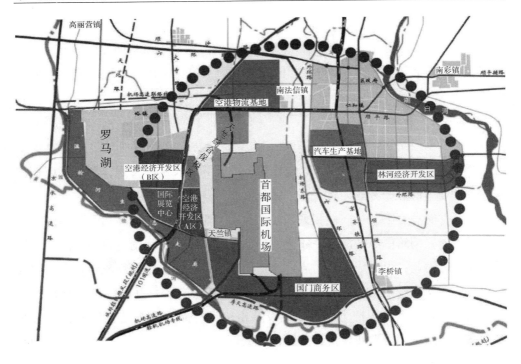

图 4.7　首都机场空间布局

资料来源：闫永涛，李文龙．国内外典型空港周边地区发展分析及启示［A］//中国城市规划学会．城市时代，协同规划——2013 中国城市规划年会论文集（14 - 园区规划）［C］．中国城市规划学会：中国城市规划学会，2013：287 - 300.

4.2.3　上海虹桥商务区

4.2.3.1　概要

上海虹桥国际机场，位于中国上海市长宁区，距市中心 13 千米，为 4E 级民用国际机场，是中国三大门户复合枢纽之一、国际定期航班机场、对外开放的一类航空口岸和国际航班备降机场。虹桥商务区东起外环高速公路 S20，西至沈阳—海口高速公路 G15，北起北京—上海高速公路 G2，南至沪渝高速，位于上海中心城区西侧，紧邻江浙两省，地处长三角地区交通网络中心，是长三角城市群的核心。商务区总占地面积 86.6 平方千米，涉及闵行、长宁、青浦、嘉定四个区，其中，主功能区面积 27 平方千米。重点开发的为核心区 4.7 平方千米，包括 1 平方千米的国家会展中心项目。核心区开发规模为地上约 500 万平方米，地下约 280 万平方米。

4.2.3.2　发展历程

虹桥国际机场历史悠久，上海虹桥国际机场始建于 1921 年，于 1950 年重建；1971 年由军民合用改为民航专用。为满足 2010 年上海世博会的峰值运量需求，增强对长三角地区的辐射能力，虹桥机场于 2010 年完成了扩建工程。目前建成 2 条近距离平行跑道，东、西互为卫星厅的两座航站楼。规划终端目标为年旅客吞吐量达到 3000 万人次、货运吞吐量达到 100 万吨。虹桥机场的飞行区将按照 4E 标准建设，可保障各种大型飞机起降。

园区于 2002 年 5 月被授予"上海市市级科技园区"称号，2005 年 9 月成为国际科技园协会（IASP）会员单位，2008 年 10 月成为上海首批知识产权试点园区，2010 年获批上海市高新技术产业化（软件和信息服务业）产业基地。2011 年获批"上海市高技能人才培养基地""上海市电子商务示范园区"，成为上海市首批知识产权示范园区，纳入"上海张江高新技术开发区长宁园"，2012 年获批首批"上海市知名品牌示范区"创建区域。

2016 年 5 月 11 日，国务院常务会议通过《长江三角洲城市群发展规划》，首次提出"提升上海全球城市功能"。虹桥商务区是长三角城市群的核心，既是上海连通长三角的"桥头堡"，又是联系亚太、面向世界的门户。作为中国"十三五"规划重点，大虹桥已经成为与浦东并驾齐驱的增长引擎。根据《上海市城市总体规划（2017－2035 年）》，虹桥已升级为上海主城区、未来的上海市中心（见图 4.8）。

4.2.3.3　战略定位

虹桥商务区是上海"十二五"期间重点发展区域，其开发建设是市委、市政府立足全局、着眼长远的重大战略决策。目的是依托虹桥综合交通枢纽、国家大型会展项目等重大功能性项目，带动上海经济发展方式转型，促进城市空间布局调整，更好地服务于国家长三角一体化发展战略。

4.2.3.4　产业发展

历时 20 多年的发展，园区已初步形成高端企业总部、信息服务业、现代物

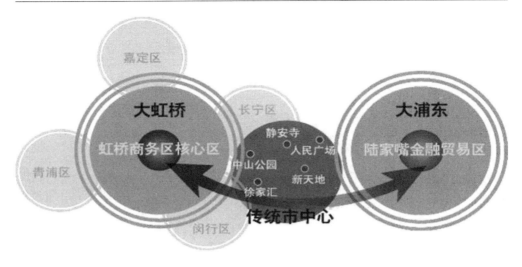

图 4.8   上海虹桥商务区发展

资料来源：记录魔都大变迁 | 上海城市更新之大虹桥篇腔调楼市 [EB/OL] . https: //
mp. weixin. qq. com/s/j9lY31Cgb9hQCy2KLydmsw，2019 - 09 - 25.

流业三大产业集聚，集聚了联合利华、德国博世、美国伊顿等一批国内外知名企
业总部，集聚了爱立信、史泰博、携程网等知名信息服务业企业，集聚了联邦快
递、扬子江快运、劲达国际等知名现代物流企业。园区已入驻企业达 1800 多家，
其中总部型企业 300 多家，世界 500 强企业 10 家。园区共有信息技术企业 1082
家，其中主要包括信息服务业、专业服务业、金融服务业、大宗商品平台交易服
务业。

　　依托虹桥综合交通枢纽和国家会展中心两大功能，虹桥商务区在产业要素集
聚、国内外市场联动、推动长三角更高质量一体化发展等方面具备较强的多方优
势。目前，上市公司的总部或者区域型、功能型的总部已经落在虹桥商务区，主
功能区及其核心区入驻企业已超过 2500 户，已吸引外资企业 120 多家，并日益
呈现出多元化、新业态，以及加速集聚等特点。虹桥商务区开放型经济体系日益
形成。

　　4.2.3.5   空间布局

　　2018 年《上海虹桥临空经济示范区发展规划（2018 - 2030 年）》正式发布，

上海将力争在四年左右的时间，将虹桥临空经济示范区建设成为国际航空枢纽、全球航空企业总部基地、高端临空服务业集聚区、全国公务机运营基地和低碳绿色发展区。

　　根据规划，示范区将建设面向未来的现代航空港区，形成"一核三区"的总体布局。其中，"一核"指的是虹桥机场1号航站楼精品航站区，主导功能包括值机、安检及交通集散等机场航空地面服务。"三区"由西至东分别为机场作业区、航空管理与航空服务业集聚区以及临空服务业集聚区（见图4.9）。

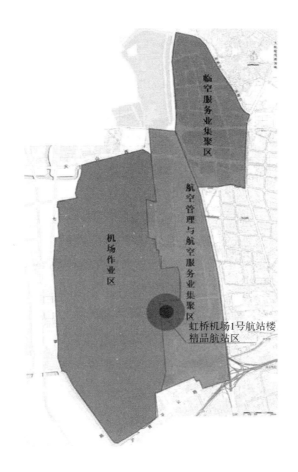

图 4.9　上海虹桥商务区规划

资料来源：上海又一重要规划发布，大虹桥这些地方将发生重大变化［EB/OL］. 搜狐网，https：//www.sohu.com/a/253876258_739729，2018－09－14.

4.2.3.6 打造优势

第一，区位优势。虹桥商务区紧邻江浙两省，处于长三角城市轴的关键节点，与周边主要城市距离均在300千米之内；既为上海连通长三角的"桥头堡"，是长三角咽喉之所在；又为联系亚太/面向世界的门户，是连接世界的桥梁。

第二，交通优势。目前世界上独一无二的综合交通枢纽，涵盖多种交通方式，轨、路、空三位一体，56种换乘模式的多元化聚集，将人性化换乘的出行方式与现代理念相结合，一小时长三角都市圈呈现同城效应。

第三，成本优势。虹桥商务区土地成本相对较低，其独特的区位、便捷的交通，极大地方便企业获取信息、调配资源、开拓市场，尤其是企业总部在运营成本上相对较低。

第四，后发优势。虹桥商务区广泛吸收国际商务区建设的成功经验，取百家之长，创虹桥之新，结合自身特色，以人为本，科学规划，厚积薄发，打造一座世界级商务中心。

第五，政策优势。虹桥商务区是上海市第十二个五年发展规划纲要明确重点发展的功能区域，是上海市低碳实践区，也是世界商务区联盟的会员，国家财政部和商务部已明确将虹桥商务区确定现代服务业综合试点区，市政府设立专项发展资金支持总部经济现代服务业等产业发展。

4.2.4 广州空港经济区

4.2.4.1 概要

广州空港经济区位于羊城之北，流溪河蜿蜒涌翠，帽峰山、凤凰山群山披绿，全国三大枢纽机场——广州白云国际机场坐落其中，多条高速公路、国道、轨道交通贯穿区内，是山水交融、交通便利、创新活力的未来之城。

广州空港经济区东起流溪河、西至106国道——镜湖大道、南起北二环高速、北至花都大道的区域，加上白云机场综保区北区和南区范围，总面积116.069平方千米，将充分依托白云国际机场、广州北站、大田铁路集装箱中心站"三港"，打造全球综合航空枢纽，辐射带动珠三角、华南地区的经济发展和产业提升。

4.2.4.2　发展历程

广州空港经济区起步区位于空港经济区北部，东起花联路，西至铁山河，南起横十六路——平石路，北至花都大道，总面积 11.26 平方千米。

起步区的功能定位为国际航空产业城的枢纽门户，空间结构为"一带三区、两心引擎"，具体包括：一条绿色公园带，三个功能区（物流园区、制造园区、空港社区）和两个中心（空港大道门户中心、花山站 TOD 中心）。

4.2.4.3　战略定位

广州空港经济区的发展战略定位和目标为建设具有国际竞争力的国际航空产业城、世界枢纽港。通过依托白云机场、背靠世界城市的地理优势，打开亚太市场，升级临空产业，形成国际发展元素集聚的临空新区，展示活力特色，吸引全球投资，最终建设成为国内乃至全球具有高度投资价值、高度驻留吸引力的临空新区。

第一，国际航空枢纽。实施国际化发展战略，发挥广州区位优势和民航资源优势，加强国内干支线整合衔接，积极拓展国际航线网络，提升客货中转能力，完善综合交通体系，实现多种交通方式高效衔接，增强人流、物流的中转和集散能力，打造功能完善、辐射全球的国际航空枢纽，促进与"一带一路"沿线国家空中航线的互联互通。

第二，生态智慧现代空港区。突出流溪河生态轴带功能，科学规划生产、生活、生态功能区，践行绿色、低碳发展理念，注重生态环境和人文环境建设，以航聚产，以产促区，建设以航空枢纽为核心、连接国内外重要节点城市的智慧空港服务体系，打造绿色、生态、智慧、开放的现代空港区。

第三，临空高端产业集聚区。实施"创新驱动"发展战略，加快航空运输、物流、维修、制造、通航、金融、空港能源等民航重点领域的创新发展，鼓励高附加值航空产品研发制造；积极参与全球化进程和国际分工，促进与航空密切关联的高端服务业、高新技术产业和先进制造业优化升级，推动地区经济进入全球产业链高端环节，努力建成航空要素流动开放、创新资源集聚、产业集约高端、资金技术汇集的临空高端产业集聚区。

第四，空港体制创新试验区。积极推进临空经济体制机制创新，在理顺示范区管理体制、提高通关效率、口岸建设、扩大双向开放、行政服务、复制应用自贸区改革经验等方面率先取得突破，在"一国两制"下探索建立与港澳机场的合作机制，探索空港经济驱动区域经济发展的模式，营造国际一流的投资和营商环境，提供国际一流的机场服务，建设成为国际一流的临空经济区。

4.2.4.4 产业发展

大力引进和培育四大产业，包括枢纽机场功能性服务业、国际空港配套性服务业、临空指向高端化制造业、航空相关科技服务业。四大产业具体包括国际客货运输、航空维修、航空用户支援、航空租赁、航空总部、国际商贸商业、空港现代物流、航空制造、生物医药、先进装备制造、未来科技、空间信息技术等。

4.2.4.5 空间布局

通过轴向发展、点轴成带、网络化发展，形成"南商、北运、西城、东绿、中流经济、组团发展、生态间隔"的网络空间格局。在空港经济区核心区布局航空核心产业，外围布局配套项目，通过交通走廊连接并将航空产业向外辐射，与周边白云区、花都区协同发展。

4.2.4.6 打造优势

第一，区位优势。广州是我国"一带一路"倡议发展的重要节点，地处亚太地区中心的广州白云国际机场是我国三大国际枢纽机场之一，发展中转具有天然的区位与绕航系数低的优势，在18小时内抵达全球大部分城市，平均比国内其他枢纽减少约2小时飞行时间，并且在4小时内基本到达东南亚各大城市。广州白云国际机场已开通300余条航线（其中国际航线超过160条），覆盖了国内主要一二线城市，可直达亚太、欧美、非洲各大城市，完善的航线网络为客源、货源的便利组织和高效集散创造了良好条件。2018年白云机场旅客吞吐量为6974.32万人次，货邮吞吐量为189.08万吨。

第二，交通优势。全国三大枢纽机场之一——广州白云国际机场坐落其中；广州北站、京广铁路、武广铁路四通八达；直驳京珠高速、机场高速、广清高速、北二环高速、珠三角高速、花莞高速、广乐高速、机场第二高速八条高速路；新广从快速、106国道、白云六线、机场北进场路、花都大道、山前旅游大道、钟太快速、迎宾大道、广花公路、镜湖大道10条快速路纵横交接；广清城际、穗莞深城际、广佛环线三条城际轨道，以及3号线、9号线、14号线三条轨道交通贯穿全境。

第三，口岸优势。经国务院批准，自 2013 年 8 月 1 日起，在广州白云机场口岸对 45 个国家持有第三国签证和机票的外国旅客实行 72 小时过境免签政策；白云机场口岸是药品指定进境口岸，除可进口一般性药品以外，白云机场口岸还是国家《药品进口管理办法》第十条规定的药品（主要是首次在中国上市的品种和国家规定的生物制品，如疫苗、血液筛查试剂等品种）进口的指定口岸（全国仅有北京、上海、广州三个城市的口岸可进口此类药品）；白云机场口岸是水生动物、水产品、水果、肉类、种苗五大货物国家质检总局指定进境口岸。2015 年 7 月 31 日，白云机场入境水生动物检验检疫一体化平台启用，可一次性完成申报、查验、检测、放行等手续，该平台集合了国家级水产品检测重点实验室、广东省公共技术服务示范平台和检验检疫集中查验监管区等多项功能于一体，紧邻国际货站和机坪，拥有各类高低温专用冷库约 600 立方米，可为入境的水生动物、水果、种苗、肉类、水产品等提供快速高效的集中查验。

4.2.5　西安西咸新区空港新城

4.2.5.1　概要

西咸新区成立于 2011 年，位于西安市和咸阳市建成区之间，是中国第七个、全国首个以"创新城市发展方式"为主题的国家级新区，下辖空港新城等五个区域，总面积 882 平方千米，是"丝绸之路经济带"重要支点和现代化大西安的新中心。空港新城是西咸新区的核心板块，规划面积为 144.18 平方千米，其中自贸区面积为 13.8 平方千米，已获批国家临空经济示范区。区内的西安咸阳国际机场是我国西部地区最大的空中交通枢纽。

4.2.5.2　发展历程

空港新城作为西咸新区的五个组团之一，成立于 2011 年，规划面积 144.18 平方千米，主要依托中国第八大枢纽机场——西安咸阳国际机场，重点发展航空物流、航空维修、航材制造、电子信息、生物医药、跨境电商、总部经济、国际会展、文化商贸等临空型产业，致力于打造国际一流航空枢纽。

4.2.5.3　战略定位

空港新城的总体定位为：国际机场城市、西咸大都市的门户和重要的国际航空枢纽，集聚综合性交通枢纽、高端产业集聚区、低碳空港都市区等功能。为打造国际一流航空枢纽，确立了空港新城"四个中心"的产业定位，即丝路交通商贸物流中心，国际航空服务业和航空高端制造聚集中心，国际会展、文化创意和总部聚集中心，生态和农业小镇示范中心。

陕西省民航发展领导小组第四次会议明确空港新城为陕西省发展航空物流产业的主体，要求空港新城进一步完善《陕西省航空物流三年行动计划》和相关扶持政策方案，努力吸引各地货源向西安聚集，与西部机场集团紧密合作实现国际客运、航空物流发展的统筹规划，省政府、西安市、西咸新区将从不同层面大力支持空港发展。

4.2.5.4 产业发展

空港新城紧紧依托西安咸阳国际机场，重点发展航空物流、航空维修、航空企业总部、跨境电商等临空型产业，形成以战略性新兴产业、高新技术产业、高端制造业、物流商贸、商务办公、现代服务业、文化旅游、节能环保产业为主导的，具有区域影响力的知识创新中心、高端制造业中心和区域吸引力的现代服务业中心。

4.2.5.5 空间布局

规划延续西咸新区总体规划的整体空间结构，在空港新城形成"两片一核双环多点"的空间结构。通过泾河、北辰谷两条大型生态长廊，以及功能区间的生态廊道为分隔，形成"功能片区有机聚合、生态廊道穿插渗透"的田园城市总体空间形态，构筑生态化、点状化的空间布局体系。

"两片"：集中建设片区和生态保育片区。以机场北面的北辰谷为分界线，将规划范围分为两个片区。南面为环空港片区，进行城市开发和产业培育；北面为北部生态片区。

"一核"：空港核心。以机场交通功能为核心，内部整合机场配套服务、后勤保障、物流等功能用地，大力发展航空客运、货运，形成人流、物流、资金流的高效聚集。

"双环"：空港功能环、北部生态环。环绕空港形成城市功能集约发展的功能环带，整合主要的城市功能片区，通过环路的快捷联系，实现各功能区之间以及与机场核心的快捷联系。与空港功能环相衔接，在北部地区形成串联各田园小镇的生态环。

"多点"：各城市功能区。结合"双环"，形成功能互补、紧密联系的城市功能区，包括综合保税区、空港国际商务居住区、大型会展休闲区、产业区、物流区、新丝路国际社区、北部生态区。

4.2.5.6 打造优势

第一，区位优势。空港新城发挥大西安航空服务功能区优势，加速打造一流国际航空枢纽。从西安咸阳机场出发，2 小时航程可覆盖中国 75% 的领土和 85% 的经济资源。当前共开通航线 331 条，其中国际航线 51 条，开通了至阿姆斯特丹、哈恩、芝加哥等 15 条全货运航线，初步形成"北上南下、东进西出"的全货机航线网络布局。同时，正在加速建设集空、铁、公、轨于一体，以多式联运为特色的立体综合交通枢纽，致力于形成"向西开放、向东集散、辐射中国、联通'一带一路'"的空中门户。

第二，政策优势。空港新城拥有"国家级新区""中国（陕西）自由贸易试验区""国家临空经济示范区"等国家级名片，2018 年 7 月又获批跨境电子商务综合试验区，可优先享受国家各类优惠政策及国家赋予的各类管理体制机制创新权限。此外，拥有陕西唯一的临空型海关特殊监管区及食用水生动物、冰鲜水产品、药品、肉类、水果五类口岸，正在推广应用国际贸易"单一窗口"，实行 72 小时过境免签和"全天候、无假日"的通关服务。通过"临空 + 自贸 + 跨境 + 保税"等一系列政策叠加优势，企业可开展便捷高效的国际贸易、保税加工、保税维修、保税检测等业务，企业货物可享受进口保税、出口退税、自用设备免税、免证的优惠政策。

4.2.6 杭州空港经济区

4.2.6.1 概要

杭州空港经济区成立于 2009 年 8 月，是浙江省打造"两港物流圈"战略的重要组成部分。园区位于浙江省杭州市萧山区东北侧，钱塘江东麓，毗邻大江东产业集聚区，与杭州下沙经济开发区和海宁市隔江对望。园区规划面积为 68.6 平方千米，主要包括靖江、南阳两个街道和杭州萧山国际机场。空港拥有"中国（杭州）跨境电子商务综合试验区""国家现代服务业产业化基地""中国快递产业示范基地""中国服装面料名镇""中国童装名镇""中国伞乡""中国淋浴房之乡"七张国家级金名片和"浙江省进口平台"这块省级牌子。

4.2.6.2 发展历程

浙江省委、省政府早在"十一五"时期之初制定了打造杭州空港的战略思路，并在十余年来持续强化对杭州空港发展的政策支持，着力提升机场保障能力，促进临空经济发展。2017年5月23日，在国家发改委、民航局《关于支持杭州临空经济示范区建设的复函》中，杭州临空经济示范区正式获批。

4.2.6.3 战略定位

第一，区域性航空枢纽。在港澳台地区、日韩和东南亚优势航线基础上，全力深耕亚太航运市场，进一步完善国际航线网络结构和提升航班运力，构筑国际化营商环境，不断提高机场国际服务水平和综合竞争力，建设面向全球的区域性航空枢纽、浙江第一开放门户，成为长三角世界级机场群核心机场。

第二，全国高端临空产业集聚区。充分利用浙江民营经济优势以及航空枢纽的人才、技术、知识、信息等外溢效应，创新临空经济发展模式，主攻临空现代服务业和临空先进制造业，加快构建现代产业体系，带动浙江民营企业转型升级。

第三，全国跨境电商发展先行区。抓住全国首个跨境电子商务综合试验区建设的先机，依托机场口岸功能和杭州保税物流中心优势，加快整合行业资源，着力在跨境电子商务关键环节开展先行先试，率先打造成为国内领先的跨境电商生态圈，为全国跨境电子商务健康发展形成一套成熟、可复制、可推广的经验。

第四，全国生态智慧航空城。坚持生态优先，依托钱塘江沿岸生态区域，构建生态安全格局，促进生产、生活、生态"三生"融合发展。充分发挥浙江省、杭州市信息经济发展优势，推进示范区物联网、大数据等智慧化应用，建设智慧机场，打造全国一流的生态智慧航空城。

4.2.6.4 产业发展

杭州空港新城将重点发展空港物流、临空制造、高新技术、总部经济、休闲旅游、临空商务、生活居住等产业，致力于把空港新城打造成长三角南翼的空港经济中心、浙江省国际商务活动空中第一门户、杭州大都市空港产业集聚区和国际化、生态化、现代化的新型航空城，使空港经济成为杭州乃至浙江省经济的主要增长极。

4.2.6.5　空间布局

按照集约紧凑、产城融合、区域协同的发展理念，杭州临空经济示范区规划形成"一心一轴五区"的总体布局框架（见图4.10）。

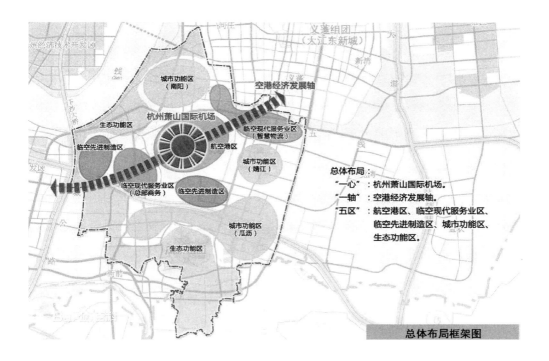

图4.10　杭州临空经济示范区布局

资料来源：杭州临空经济示范区总体方案出台 这些地方将大不一样［EB/OL］. 浙台连线，http://www.huaxia.com/ztlx/zjxw/2017/07/5395457.html，2017 – 07 – 14.

"一心"：杭州萧山国际机场。以杭州萧山国际机场为核心，强化空港客货运枢纽与综合交通枢纽建设，不断提升机场运营保障能力与服务水平，奠定亚太重要航空枢纽的地位。

"一轴"：空港经济发展轴。依托机场快速路、地铁、城际铁路等交通干线形成空港连接杭州城市中心区的快捷通道和经济纽带，促进沿线区域产业升级和临空经济发展。

"五区"：航空港区、临空现代服务业区、临空先进制造区、城市功能区、生态功能区。合理引导功能分区和产业专业化集聚，形成环绕空港紧密布局的临空产业集群，带动区域产业结构优化升级，促进产城融合发展。

4.2.6.6　打造优势

第一，区位交通优势。空港距离萧山主城区 15 千米，距离杭州主城区 20 千米，距离上海 200 千米。从空港出发，三小时车程能覆盖长三角主要中心城市。空港拥有杭州唯一的民用机场，紧邻大江东出海码头，周边高速路网发达，已经形成海、陆、空立体化综合交通网络体系。

第二，枢纽机场优势。杭州萧山国际机场是全国排名前十的综合性国际机场。2014 年，杭州萧山国际机场实现旅客吞吐量 2552.59 万人次，排名全国第十，其中机场口岸出入境客流量突破 300 万，排名全国第五；货邮吞吐量 39.86 万吨，排名全国第七。

第三，功能支撑优势。辖区内保税物流中心、航空口岸、陆路口岸、浙江电子口岸等平台功能完善，海关、商检等职能部门常驻办公，使空港具有其他地区无法比拟的快速通关优势，成为全省范围内通关环境最为优越的"大通关"基地。

第四，生态环境优势。天下奇观钱江潮的最佳观潮点便位于空港。空港周边环境优美，拥有"南阳八景"等众多旅游资源，是钱塘江南岸最为著名的景观休闲带和滨水宜居之地。

第五，基础配套优势。空港境内"五纵五横"主干道路已经建成，安置小区、空港中学、空港卫生院、空港加油站等一批公共服务设施已经建成，新城的框架已经拉开。

4.2.7　揭阳空港经济区

4.2.7.1　概要

揭阳空港经济区于 2013 年 3 月 2 日正式挂牌成立，隶属于揭阳市榕城区，空港经济区为非建制区（处级单位），总面积为 234 平方千米，辖地都、砲台、登岗、渔湖四个镇和京冈、凤美、溪南三个街道共 88 个村（社区），人口约 44 万，是揭阳新区核心区和起步区，是揭阳市委、市政府贯彻落实省委、省政府进一步促进粤东西北地区振兴发展战略的重要举措，也是推动市区扩容提质、做大做强中心城区的关键抓手。揭阳空港经济区位于广东东部潮汕平原中部，东南部的渔湖半岛，地处揭阳、潮州、汕头三市交汇处，毗邻揭阳潮汕机场、厦深高速铁路潮汕站。三面为榕江南北河环绕，拥有省内著名的"黄金水道"榕江航道和粤东地区内河货运主要港口之一的渔湖深水码头。

4.2.7.2　发展历程

2013 年 12 月 4 日，广东省政府审议通过揭阳新区总体发展规划，将空港新城确定为揭阳新区核心区、起步区。在全省加快粤东西北地区建设的大潮中，空港新城成为揭阳新区建设的主战场，成为吸引资本、技术和人才加快集聚的价值洼地与投资热土。

4.2.7.3　战略定位

粤东国际化前沿平台、汕潮揭同城化先行区、揭阳转型升级聚集区。

4.2.7.4　产业发展

第一，产业规划：民营经济活跃，占经济主导地位，专业镇为产业集群主要载体，以传统轻工业为主，航空关联产业初步发育；构建以临空高科技产业、高端装备制造、仓储物流、商务休闲为四大主导产业的新型产业体系。

第二，发展重点：一是规划建设临空型制造业产业园。二是规划建设转型升级产业园。大力发展航空运输业、航空物流业、临空型制造业和现代服务业，重点发展战略性新兴产业、先进制造业、现代服务业。

第三，优先发展：一是现代服务业产业园。分为中心商贸商务区、现代物流产业区、文化创意产业区、生产性服务产业区。主要发展航空物流、保税物流、会展商贸、总部经济、文化创意、广告传媒、金融保险、中介代理、资质服务、服务外包等产业。项目发展定位为粤东乃至华南的现代服务业集聚区、商贸商务中心区。二是临空型制造业产业园。分为高端装备制造业片区（包含模具机电产业高端项目集聚区）、新能源产业片区、临空高科技产业片区、节能环保产业片区。主要发展大型精密模具、机电设备、航天航空设备等装备制造业，太阳能光伏、电动汽车等新能源产业，抗噪声芯片、通信设备、LED 芯片等高科技产业，环保建材、节电节水等环保产业。发展定位为粤东乃至华南的先进制造业集聚区。三是空港物流产业。在空港经济区内建设集大型仓储、水陆空立体货运于一体的现代化物流配送基地，发展以物流货运、中转配送、货物仓储、仓库冷藏等为主的空港物流产业。四是电子信息产业。重点领域包括：软件与信息技术服务业、计算机、通信、数字电视、电子元器件、集成电路以及云计算、互联网等在内的新兴业态。五是新材料产业。重点领域包括：航空航天材料、电子信息材料、新能源与节能环保材料、纳米材料、金属磁性材料和非晶材料等。六是科技服务业。重点领域包括：研发服务业、设计服务业及技术推广服务业。七是新能源与节能环保产业。新能源类包括：太阳能、LED 高端产品等。节能环保类包括：水处理、大气治理、固废处理及资源化利用、节能服务等。另外，还包括智能电网、绿色照明等新业态。八是生物产业。重点领域包括：生物医药、生物农业、医疗器械、生物技术服务业等。

4.2.7.5　空间布局

"一湾一轴"：在榕江河湾沿岸和机场前地区进场路两侧的集聚高端服务职能，建设区域商务休闲中心，从而强化揭阳空港经济区的辐射带动效应。

"三核四区"：区内城市中心分工和片区空间功能，即形成以炮台为中心的产业服务核、以渔湖为中心的城市服务核、以地都为中心的休闲服务核，四区为机场片区、渔湖片区、地都片区、桑浦山片区。

4.2.7.6　打造优势

第一，地理区位得天独厚。地处"汕潮揭"三市地理中心，东邻潮州潮安，西望汕头潮阳，南依汕头市区，北靠揭阳市区，到三市的市中心均约 20 千米的路程，处于"汕潮揭半小时经济圈"核心地带，地理位置独一无二，是连接珠三角和海西经济区的纽带，是承接产业、资源外溢的理想之地。

第二，交通网络四通八达。这里交汇东西、贯穿南北、通江达海，立体交通网络四通八达。揭阳潮汕国际机场坐落于空港境内，厦深高铁潮汕站毗邻空港，206 国道、潮惠高速横穿全境，汕梅、汕揭、揭惠高速纵横交汇贯通，且拥有通航万吨级货轮的黄金水道榕江直通浩瀚南海，海陆空立体交通优势明显，周边道路畅通无阻，内外交通十分便利。

第三，资源独特禀赋优异。区内既有"潮汕文脉"桑浦山，又有榕江南北河环绕榕江新城和纵横交错的内河天然水系，不仅有山明水秀自然风光，更有许多历史文化名村和名胜古迹，人文积淀厚重，生态格局优美；土地资源丰富，发展空间舒展；产业发展基础好，已形成塑料制品、五金制品、石材、小家电、模具、钢铁、纺织服装、玩具八大传统产业，商贸交流非常频繁，创新创业氛围浓厚，产业发展极具活力。

第四，政策给力服务优质。自成立以来，省市均给予了空港区一系列优惠扶持政策，特别是市委、市政府高度重视空港发展，倾全市之力支持空港加快发展。近年来，空港区以大开放推动大招商，以大招商促进大发展，制定实施了扶持企业上市、土地使用、项目服务等一系列优惠政策和服务措施，建立了三级政务高效服务平台。凭借着开明优惠的政策环境、优质高效的服务环境、平安和谐的治安环境和健康向上的人文环境，空港区现已成为粤东最具活力的创业置业地区之一，吸引着海内外投资者的目光。

4.2.8　昆明空港经济区

4.2.8.1　概要

云南昆明空港经济区地处官渡区大板桥街道办事处，是云南滇中新区的重要组成部分，距主城约 24 千米，东邻呈贡区，南靠经开区，西接盘龙区，北连嵩明县，辖区国土面积 396.6 平方千米（其中，林地面积 216.31 平方千米，森林覆盖率 54.54%；山地面积约占 74%，坝区面积约占 26%，属于典型的山区和半山区地形，东、西两侧均为山体），辖 20 个居民委员会，99 个居民小组。截至 2019 年 7 月，辖区总人口为 106484 人，其中户籍人口为 49934 人，流动人口为 56550 人；户籍人口中，男性人口为 24644 人，女性人口为 25290 人。

辖区内昆明长水国际机场为 4F 级民用运输机场，是中国两大国家门户枢纽机场之一，同时也是全球百强机场之一。境内铁路、公路四通八达，贵昆铁路、沪昆高铁、昆曲高速公路、嵩昆高速公路、320 国道穿境而过，区内轨道交通地铁六号线连接长水国际机场和主城区。昆明机场北高速、嵩昆大道正在建设中，今后还将建成昆明长水国际机场 T2 航站楼和综合交通枢纽，并与渝昆高铁实现无缝对接。

4.2.8.2　发展历程

2014 年 2 月 8 日，九届省委第 56 次常委会议决定将昆明市委、市政府于 2005 年 2 月批准成立的昆明空港经济区（2009 年与官渡区进行整合，实行属地管理），与大板桥街道整体划入滇中产业新区作为直管区和先行启动区。9 月 22 日，云南省机构编制委员会下达《关于理顺昆明空港经济区官渡工业园区和大板桥街道管理体制的批复》，明确赋予大板桥街道办事处县级经济社会管理权限，撤销原昆明市批准成立的昆明空港经济区，将昆明空港经济区与大板桥街道进行整合，成立省级昆明空港经济区，隶属滇中新区管辖。在省委、省政府的关心支持和滇中产业新区的积极推动下，2014 年 11 月 22 日，云南省昆明空港经济区正式挂牌运行。

4.2.8.3 战略定位

云南省昆明空港经济区是云南唯一一个空港特色产业园区，是云南省深入实施"桥头堡"、民航强省建设两大战略和滇中城市经济圈一体化发展的重要支撑。国家级滇中新区成立以来，空港经济区主动服务和融入国家发展战略，紧紧围绕省委、省政府、市委、市政府关于"加快建设区域性国际中心城市""打造区域性国际综合枢纽、当好引领云南和我国西南地区与南亚东南亚国家开放合作的龙头、打响西南开放门户城市品牌"等战略部署，以及"把昆明打造成为国际航空枢纽、航空都会"的目标，顺势而为、乘势而上，制定了"建设国际航空大都市核心区"的发展定位和目标。

4.2.8.4 产业发展

大力发展围绕国际枢纽的临空经济、航空枢纽服务、临空商贸物流、基地航空、通用航空、航空维修、航空物流、保税物流、保税加工、临空制造、总部经济、商贸服务、电子商务、电子信息、国际贸易、文化休闲等主导产业，努力把昆明空港经济区打造成为绿色、生态、低碳、智慧的"港产城一体"区域性国际航空城。

昆明空港经济区主要发展空港产业和电子信息产业。空港片区依托空港交通优势和国际门户的优势，聚焦空港产业，集中发展"基地航空、航务维修和通用航空""临空制造、航空物流和多式联运""总部结算、商贸服务和文化休闲"三大板块为一体的商务分中心。大力发展商贸会展、商贸旅游、电子信息产业，打造电子原材料至终端设备产业链，重点发展物联网、移动支付和三网融合，加快基础设施智能改造以及传统产业与信息产业融合发展，打造以科技研发、跨境电商、大数据应用等"互联网＋"新经济为支撑的空港智慧城。

4.2.8.5　空间布局

辖区作为云南滇中新区的核心区，在国家对云南新的发展定位和新的战略机遇背景下，空港经济区聚焦空港经济，以航空综合服务业、商贸物流业、高新精轻制造业、综合保税业为主导产业，按照组团化发展理念推进产城融合发展，结合重点产业及片区实际情况，规划为以下产业片区（组团）：

第一，综合保税拓展区。2016 年 2 月 3 日，国务院正式批复设立昆明综合保税区，规划面积 2 平方千米，其中区块二（空港片区）规划面积 1.42 平方千米，紧邻长水国际机场与机场南部工作区。项目一期 1024 亩范围于 2017 年 5 月 12 日正式通过国家验收。为保障综合保税业务在下一步发展的需要，空港将位于综合保税区以南，规划面积 26.92 平方千米的片区规划为综合保税区拓展区。重点发展与保税贸易、保税物流、保税加工等综保区的配套产业体系，在拓展区外围发展城市配套功能。

第二，临空产业园。位于滇中新区空港临空产业带北端，连接嵩明县和空港经济区，空港区域内规划面积约 11.29 平方千米。按照总体规划、一区多园、分期开发、逐步推进的方式实施开发建设。重点发展智能环保、高端制造、新技术研发、电子通信和生物医药等高端临空经济产业。

第三，空港商务区。位于空港经济区南部，大板桥组团西北片，紧邻昆明长水国际机场，定位为国门商务区，核心区聚焦于轨道站前核心片区，人口集中、交通便捷，具有成为地区商务中心的先天优势，规划面积 2.5 平方千米。重点发展商务办公、楼宇经济、总部经济、酒店、购物等临空商务业。

第四，板桥西冲片区。该片区是空港经济区面向主城区的前沿区域，也是空港经济区的核心区域，规划面积 13.84 平方千米。重点发展商务商贸业、金融业、多式联运物流等。

第五，航空物流园。位于滇中新区空港临空产业带中部，规划面积 3495 亩，依托长水国际机场，着力打造成为以现代航空物流为主，商务办公设施为辅的综合物流片区。

第六，科技创新园。位于空港经济区临空产业园，规划面积 682.70 亩，主要围绕有色及稀贵金属、新材料、生物医药、高端装备制造及光电子设备等产业，打造技术研发创新平台及科技公共服务园区。

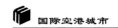
第七，小哨国际科技创新城。位于空港经济区小哨片区，规划面积 50 平方千米，定位为滇中新区未来政务与服务中心、国际科技创新城、高品质产城融合示范区。重点发展创新产业、总部经济、楼宇经济、金融服务等。

4.2.8.6 打造优势

第一，区位条件优越。昆明空港经济区是云南唯一一个空港特色产业园区，是云南省深入实施"桥头堡"、民航强省建设两大战略和滇中城市经济圈一体化发展的重要支撑。处于亚洲五小时航空经济圈中心，紧邻昆明中心城区，交通运输网络完备。辖区内拥有中国第四大门户枢纽机场——昆明长水国际机场，是我国面向东南亚、南亚和连接欧亚的国家门户枢纽机场。

第二，对外开放合作前景好。中国—东盟自由贸易区升级版建设稳步推进，大湄公河次区经济合作不断深化，中国—南亚博览会影响力显著提升，孟中印缅经济走廊建设取得积极进展，云南省在"一带一路"倡议推进中的作用日益凸显。

第三，区域综合承载能力高。适宜建设的土地资源开发潜力较大，云南省对新区用地指标给予优先保障，是昆明中心城区空间拓展的主要区域，具有推进新型城镇化建设、进一步集聚产业和人口的良好基础。

第四，综合交通便利。在综合交通布局上形成"一港二铁六路二轨"的总体结构。"一港"是长水国际机场，"二铁"包括沪昆客专高速铁路贵昆铁路，"六路"指昆嵩高速、机场高速、杭瑞高速、东南绕城、新 320 国道、呈黄快速，"二轨"是 6 号线、9 号线（机场线）。

4.3 新兴空港经济区发展情况概述

近年来，新机场、第二机场建设方兴未艾。2009 年至 2018 年十年间，中国新增了 69 个民航机场，2018 年新增 6 个，截至 2018 年年底，我国已有 235 个民用航空颁证运输机场。根据民航"十三五"规划，在 2020 年年底预计将达到 260 个机场，届时将覆盖 100 千米范围内所有地级行政区，未来新机场正持续投产、扩大航空通达性。

新兴机场是指处于建设过程中、尚未完工运营的机场。尽管新兴机场还未正式通航，但各地区在新建机场之时就同步开展周边空港经济区的规划建设，其周边地区的园区建设、产业投资已形成成熟业态，空港经济区规划完善、初具规模。甚至存在部分机场还未投运，周边空港已经有产业项目招商落地的新现象。因此，本书重点介绍国内六大新兴空港经济区。

4.3.1　北京大兴国际机场临空经济区

4.3.1.1　概述

北京大兴国际机场是建设在北京市大兴区与河北省廊坊市广阳区之间的超大型国际航空综合交通连接的枢纽，机场主体工程占地多在北京境内，是继北京首都国际机场、北京南苑机场（将搬迁）后的第三个客运机场。机场按照客流吞吐量 1 亿人次，飞机起降量 80 万架次的规模建设七条跑道和约 140 万平方米的航站楼，机场预留控制用地按照终端（2050 年）旅客吞吐量 1.3 亿人次、飞机起降量 103 万架次、九条跑道的规模预留。北京新机场最早规划于 2000 年，于 2014 年 12 月 26 日开工建设，2018 年 9 月 14 日定名"北京大兴国际机场"。2019 年 5 月 13 日成功试飞，2019 年 9 月 25 日，北京大兴国际机场正式通航。

国家发展改革委于 2016 年印发了《北京新机场临空经济区规划（2016 – 2020 年）》，为充分发挥北京新机场大型国际航空枢纽辐射作用，北京市将与河北省合作共建新机场临空经济区，并于 2016 年 10 月 12 日由发改委和民航局联合批复设立北京大兴国际机场临空经济区。示范区面积约 150 平方千米，结合北京市和河北省城乡规划，依托交通干线和生态廊道，对接机场功能布局，规划航空物流区、科技创新区、服务保障区三个区：

第一，航空物流区：位于新机场东北侧，规划面积约 80 平方千米，依托综合交通网络，建设集多种方式为一体的空陆联运系统，重点发展航空物流、综合保税、电子商务等产业，打造国际航空物流枢纽。

第二，科技创新区：位于新机场南侧，规划面积 50 平方千米。重点发展航空工业产品研发、技术创新等产业，建设航空科技孵化设施和服务平台，支持航空可创新创业；吸引航空工业领域知名企业建设技术创新中心，加强航空科技的国际合作，提升我国航空科技领域研发水平，打造我国航空科技创新的重要基地。

第三，服务保障区：位于新机场西侧，规划面积 20 平方千米。结合大型国际航空枢纽建设需要，配套建设航空运输相关企业的生产生活服务保障系统，适当发展航空科教、特色金融、商务会展等，建设综合服务保障基地。

北京大兴国际机场临空经济区管理机构设置情况如图 4.11 所示。

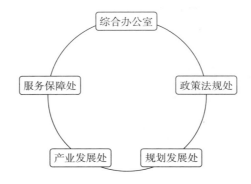

图 4.11　北京大兴国际机场临空经济区管理机构设置情况

4.3.1.2　招商建设情况

2019 年 5 月 30 日，在北京大兴国际机场临空经济区路演发布会上，大兴国际机场空港经济区首批招商项目对外发布，包括国际会展中心、国际健康中心、国际购物小镇、综合保税区。北京大兴国际机场临空经济区正式进入开发建设阶段。

北京大兴国际机场空港经济区北京部分规划面积约 50 平方千米，分为西侧榆垡、东侧礼贤两个片区（见图 4.12 和图 4.13）。其中西片区约 26 平方千米，发展国际医疗、机场保障等生活配套产业；东片区约 24 平方千米，发展国际会展、综合保税、航空物流等产业。目前，北京大兴国际机场临空经济区已获得美国 LEED 绿色建筑认证（LEED for Cities）铂金级预认证，同时也是全球首个 LEED 绿色建筑认证规划设计类预认证项目。

图 4. 12　北京大兴国际机场榆垡片区鸟瞰图

资料来源：礼贤和榆垡片区！大兴机场临空经济区（北京部分）的详细规划来了［EB/OL］. 搜狐网，https：//www. sohu. com/a/391353059_ 391288，2020 - 04 - 26.

图 4. 13　北京大兴国际机场礼贤鸟瞰图

资料来源：礼贤和榆垡片区！大兴机场临空经济区（北京部分）的详细规划来了［EB/OL］. 搜狐网，https：//www. sohu. com/a/391353059_ 391288，2020 - 04 - 26.

同时，首次面向公众发布临空区"3+2"创新产业体系，旨在构建以生命健康、新一代信息技术和智能装备为主导的三大科技创新支柱产业，重点发展枢纽高端服务业和航空保障服务业。目前，临空经济区已针对"3+2"的创新产业体系筛选出约250家潜在合作企业，并与34家单位签订战略合作协议。

其中，枢纽高端服务业包括智慧物流、国际会展、技术咨询与培训；航空保障服务业包括航空培训、航空维修、公务机保障、航空金融。生命健康包括精准医疗、干细胞技术、医疗耗材；新一代信息技术包括大数据、云计算、物联网；智能装备包括航空产业、机器人系统集成。

4.3.1.3 建设意义

北京大兴国际机场空港经济区共150平方千米，其中河北部分约100平方千米，北京部分约50平方千米，定位为国际交往中心功能承载区、国家航空科技创新引领区、京津冀协同发展示范区。根据最新编制的临空经济区产业发展与实施路径研究，大兴国际机场临空经济示范区定义为"全球临空区4.0模式新典范，京津冀融合创新动力源"（见图4.14）。大兴空港新城积极开展国际投资促进工作、搭建国际投资促进平台，将通过落地一批国际化、高端化的大项目，带动相关产业发展，促进临空区的国际化、高质量可持续发展，建设国际化的航空大都市。

图4.14 北京大兴国际机场临空产业发展总体定位

资料来源：北京大兴国际机场临空经济区正式进入开发建设阶段［EB/OL］. 央广网，http：// www. cnr. cn/bj/jrbj/20190530/t20190530_ 524632663. shtml，2019－05－30.

4.3.2 成都天府空港新城

4.3.2.1 概述

成都天府国际机场位于成都市简阳市芦葭镇。机场临近国家级新区四川天府新区，距离成都市中心天府广场 51.5 千米，是国家"十三五"规划中计划将要建设的我国最大的民用运输枢纽机场项目，定位为国家级国际航空枢纽、"丝绸之路经济带"中等级最高的航空港，将负责成都出港的全部国际航线，将建成"国际一流、国内领先"的人文、智慧、绿色机场。到 2020 年成都即迈入双机场时代，成为中国大陆地区第三个拥有双国际机场的城市。

2011 年 5 月，四川省正式启动成都新机场选址工作。2014 年 4 月，成都新机场及空港经济区规划建设协调领导小组成立（见图 4.15）。2016 年 5 月 27 日，机场全面开工建设，一期工程计划于 2020 年 12 月 28 日竣工，预计 2021 年上半年建成投运。

成都天府国际空港新城位于成都东南部，距成都中心城区约 50 千米，下辖 12 个乡镇，户籍人口总数 31.7 万人。2016～2035 年，计划空港经济区北至第二绕城高速、东至成渝高铁、南至成都经济区环线高速、西至简阳市行政边界，规划总用地面积为 483 平方千米。至 2020 年，城镇建设用地规模 45.5 平方千米（不含机场范围），其中城市建设用地 40 平方千米。至 2035 年，城镇建设用地规模 122.5 平方千米（不含机场范围），其中城市建设用地控制在 120 平方千米内。远景城市建设用地规模控制在 200 平方千米以内。

成都天府空港新城将坚持"整体规划、组团开发、同步推进、规模发展"的总体发展模式，规划"一环一廊一带"的产业空间结构。其中，"一环"是指产业发展环，将重点发展航空产业、节能环保和超新材料等产业；"一廊"是指产业综合廊，将打造信息技术、数字创意、过境医疗、生物制造等产业；"一带"则指生态产业带，成都天府空港新城将依托龙泉山森林公园和三岔湖等资源禀赋，高标准发展生态农业、生态旅游、文化体育、养老保健等生态产业。

成都天府空港新城管理机构设置情况如图 4.16 所示。

图 4.15　成都天府国际机场鸟瞰图

资料来源：成都天府国际机场已初见雏形 太阳神鸟展翅飞全球［EB/OL］．搜狐网，https：//www. sohu. com/a/347252514_ 305341，2019 – 10 – 15.

4.3.2.2　招商建设情况

2018 年 3 月 22 日上午，成都天府奥体城基础设施项目在成都天府国际空港新城集中开工。本次集中开工的基础设施项目共 13 个，涉及道路基础设施、产业配套、公共服务、绿化景观四个重点领域，总投资达 260.8 亿元。

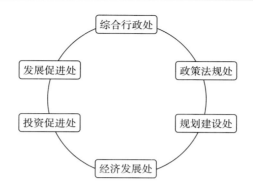

图 4.16　成都天府空港新城管理机构设置情况

2018 年 9 月 6 日，成都天府国际空港新城八个重大产业项目在成都高新东区集中开工，此次集中开工项目总投资近 470 亿元。"云锦天府"新经济产业项目首期开工项目有五个，包括中国电信西部创新基地项目、万国数据云计算中心项目、中国电信西部大数据中心项目、中国电信 5G 网络及泛在感知城市项目、科技孵化器项目。两个航空物流项目布局在空港新城机场北片区，包括普洛斯国际航空智慧物联港项目和顺丰空港新城产业园项目。在航空产业方面，富凯飞机附件维修基地与飞机加改装设计研发中心项目开工。

2019 年空港新城全面梳理目标任务，形成 9 大类 131 项重点任务，其中新开工建设项目 74 个，总投资约 1295 亿元，计划完成投资 240 亿元。2019 年 1～4 月已完成固定资产投资 72 亿元，实际开工项目 16 个。截至 2019 年 5 月，空港新城累计入库项目 272 个，已签约及注册项目 71 个，协议总投资 1760.98 亿元；拟签约项目 12 个，协议总投资 452.24 亿元。

4.3.2.3　发展意义

作为四川省、成都市的重点建设工程和成都"东进"战略极核，成都天府国际空港新城将按照"全球新枢纽经济领航者"的产业定位，依托航空港重点发展外向型经济，打造高端化、国际化、特色化的现代临空产业体系，助推成都加快建设全面体现新发展理念的城市。

天府国际机场对产业和区域发展能发挥巨大的带动作用，形成以航兴城、以城促航、产城融合的发展格局。以天府国际机场和国际空港新城为轴心，能够进一步推动淮州新城、简州新城加快发展，推进成德、成眉、成资同城化发展，促进成都与绵阳、乐山等区域中心城市一体化发展，加强规划对接、互联互通、产业协作、服务共享，建设有机融合、互利共赢的高质量发展先行区。

4.3.3 青岛胶东临空经济示范区

4.3.3.1 概述

青岛胶东国际机场位于青岛市所辖胶州市中心东北 11 千米，大沽河以西、东外环以东、胶济铁路和胶济客运专线之间，距青岛市中心约 39 千米。按照民航局"十二五"规划对青岛新机场的定位，预计青岛新机场 2025 年年旅客吞吐量将达到 3500 万人次，货邮吞吐量 50 万吨，飞机起降 30 万架次，高峰小时航班起降 104 架次。

2014 年 11 月 7 日，青岛市新机场建设动员会召开，全面拉开了新机场建设序幕。2017 年 11 月 29 日上午，青岛胶东国际机场东航基地建设项目正式开工。2018 年 11 月，青岛新机场命名为"青岛胶东机场"，待口岸竣工验收后正式命名为青岛胶东国际机场。2019 年 3 月，青岛胶东国际机场主体工程完工。2020 年 6 月，具有里程碑意义的航站楼房建工程和民航专业工程通过竣工验收，标志着青岛胶东国际机场工程建设全面竣工。预计到 2030 年建成面向国际的航空枢纽。

在新机场正式获批的同时，胶州市按照山东省、青岛市"机场和临空经济示范区同步规划、同步建设"的部署要求，同步申报胶东临空经济示范区，并于2016 年 10 月 20 日获国家发改委、中国民航局联合批复。总批复面积为 149 平方千米，其中，核心区规划面积为 139 平方千米，规划范围东至大沽河胶州段，西至沈海高速、胶平路，北至青银高速，南至胶济铁路、兰州东路，包括李哥庄镇部分区域。国家赋予青岛胶东临空经济示范区四大发展定位：区域性航空枢纽、高端临空产业基地、对外开放引领区、现代化生态智慧空港城，构建"一核五区一带"空间发展格局，并同步带动周边区域建设发展：

"一核"指空港发展核，包括胶东国际机场及其周边区域，总面积 35 平方千米，重点发展航空客货运、航空保税物流、航空维修、航空培训等航空核心产业，建设航空公司运营总部和现代国际空港运营中枢。

"五区"包括：

第一，通航产业区：位于核心区西南部，规划面积 30 平方千米，重点发展公务机与通航运营、飞机整装交付、通航维修、通航培训等产业，打造在东北亚区域具有影响力的高端通航产业基地。

第二，航空制造产业区：位于核心区西部，总面积约 25 平方千米，重点发展航空机电与零部件、飞机内饰件、航空电子仪器等航空关键制造业，配套发展机场专用设备、航空设备维修、航空特种装备、航空模具加工、航空食品精深加工等航空关联产业。发展卫星导航、智能装备、精密机械、3D 打印等高端制造业。

第三，临空现代服务区：位于核心区南部，总面积约 25 平方千米。主要发展金融租赁、离岸结算、航运保险、贸易融资等航空金融产业，以及会展、总部、创意、时尚等产业，打造现代空港商务区。

第四，航空特色社区：位于核心区东部李哥庄镇域，规划面积 4 平方千米，发展居住、综合商贸、特色餐饮、健康养生等产业。

第五，示范区北片：位于青岛平度市南村镇，规划面积 10 平方千米，大力发展航空配套、临空制造等航空偏好型产业。

"一带"为大沽河生态保护带。以大沽河水系为特质构建区域绿地景观网络，提升生态涵养功能，沿河两侧建设生态防护走廊、森林公园、水系景观等。通过大沽河生态保护带丰富示范区的发展底蕴，提升海洋、湿地、文化、航空内涵，打造具有特色辨识度的生态品质型示范区。发展沿河生态旅游、航空主题文化、时尚运动等产业。

4.3.3.2 招商建设情况

2018 年，空港经济区服务中心、商务中心、四大航空公司基地及基础设施等各类拟开工项目 19 个，总投资额约 80 亿元，开工项目建筑面积预计将超过 100 万平方米。其中，列入 2018 年青岛重点项目 4 个，重点项目总投资约 190 亿元。

自 2019 年以来，综保服务中心、普洛斯航港综保运营服务项目、汇通丰源供应链管理和冷链物流项目等相继开工建设，四个项目总投资 38 亿元。截至 2019 年 4 月，临空区开工建设项目 14 个，总投资约 116 亿元；已签约项目 21

个，总投资 761.7 亿元；重点在谈项目 13 个，总投资 283.1 亿元，已注册企业 9 家。

在产业方面，按照"圈层 + 廊带"的开发思路，临空区瞄准国际航空产业前沿，构建"3 + 4 + 4"新型临空产业体系，重点发展三大航空产业（航空运输保障、航空物流、公务机）、四大临空高新技术产业（航空航天研发制造、新一代信息技术、生命科学、智能制造）、四大临空服务业（航空金融服务、临空国际商贸、临空国际医疗、临空会展商务），打造汇集航空科研、航空制造、航空运营、航空维修和航空偏好型产业为主的千亿级临空产业链。青岛航空航天基地、山东航空青岛基地、东方航空青岛基地、青岛东方航食新机场配餐项目主体建设都已封顶，正在进行内部装修；机场酒店和贵宾楼内部精装修已过半，计划与青岛新机场同步建成投入使用。

同时，青岛胶东临空经济示范区将重点引进芯片、国网大数据、公务机等大项目，精准对接国网紫光芯片和国网紫光云计算大数据总部、世贸奥莱小镇、启明星跨境电商北方总部及结算中心等签约项目，推动项目尽快开工建设；跟踪推进美国赛捷公务机基地、青岛和扬实业总部基地等在谈项目，加速形成具有临空特质的产业集群，打造千亿级临空产业链，把临空经济示范区打造成为世界一流的智慧空港城。

4.3.3.3 发展意义

新机场的建成，将会提高青岛的交通运输能力，缓解流亭国际机场的压力，更加提升青岛的整体形象，促进经济发展。胶东临空经济示范区将形成集航空、铁路、公路、城市、轨道等多种交通方式于一体的综合枢纽，实现畅通、便捷、高效交通集疏，形成集航空、铁路、公路、城市轨道于一体的立体交通中心，打造国家级关键交通节点、面向日韩地区门户机场、东北亚地区重要的综合枢纽。

随着青岛的城市定位由中国东部沿海重要的经济中心城市提升为国家沿海重要中心城市，青岛胶东临空经济示范区也被赋予了更具战略意义的使命、担当与任务。胶州市委、市政府把服务胶东国际机场建设、推动临空经济示范区创建作为全市一号工程，努力在青岛市城市国际化战略实施中和"三中心一基地"建设中担当好更强有力的发展支撑角色。短短几年内，临空区及机场周边配套工程将持续注入上千亿元的巨额投资，并逐步形成金融、商贸、餐饮、休闲、消费等完善的城市生态功能，极大地提升了胶州的城市功能等级，加速实现"港城一体化、全域空港化、空港国际化"的城市发展目标，再造一座现代化的国际空港新城。

4.3.4　厦门翔安航空港新城

4.3.4.1　概述

厦门翔安国际机场位于福建省厦门市翔安区大嶝街道大嶝岛与小嶝岛之间，用地规划 46 平方千米，其中填海造地约 17 平方千米。新机场的飞行区等级为 4F 级，跑道长度 3800 米，属国际最高等级。航站楼采用一个主楼和六个辐射式指廊相结合的创新构型，外观上提取"大厝"出挑飘逸的屋顶作为设计元素，有着浓浓的闽南味道。机场部分规划面积约 17.5 平方千米，全部建成后将有四条 3800 米跑道，可同时供 A380 空客在内的 177 架客机和 28 架货机停放，航站楼面积将达 55 万多平方米，高峰期间旅客人数为 1.8 万人，设计年旅客吞吐量 4500 万人次、货邮吞吐量 70 万 ~ 80 万吨。

2007 年 7 月，新机场选址工作开始。2011 年，翔安区大嶝岛厦门新机场选址附近海域进行退养等填海前的准备工作，并且开始机场用地的土地征收工作。2014 年，机场高速路项目开始施工。主体工程预计于 2020 年完工。

围绕翔安机场建设的航空港新城，拟建设临空产业片、对台口岸片、会展交流片、厦门自由港试验区和南安综合产业园区五大片区，申请国家自由港政策的扶持，力争建成"特区中的特区"。根据空港新城的综合交通规划，厦门将形成翔安机场和厦门北站两个区域交通枢纽，翔安机场枢纽定位为接驳航空客流的城际轨道、机场快线、城市轨道和机场大巴等交通方式的换乘枢纽。

4.3.4.2　招商建设情况

厦门翔安国际机场被列入 2019 年度福建省重点项目，总投资约 1300 亿元，共规划建设 51 平方千米的新机场片区，策划生成了 100 多个项目。

4.3.4.3　发展意义

厦门翔安国际机场功能定位为我国重要的国际机场、区域性枢纽机场、国际货运口岸机场、两岸交流门户机场。翔安空港新城在定位上将扮演四大角色：对台产业对接桥头堡、现代服务业中心、海西旅游集散中心、中转贸易枢纽。翔安国际机场的建设大量融入厦门特色，充分展现地域文化的特色，跟厦门以旅游和环境为主的城市发展理念完美契合。另外，机场为国内外游客提供了更便捷的服务，对于厦门未来发展提供了新动力，有利于发挥机场对周边地区经济社会的带动辐射作用。

4.3.5　大连金州湾国际空港产业区

4.3.5.1　概述

大连金州湾国际机场是中国大陆首个海上机场，借鉴国际海上机场的成熟建设技术，采取离岸填海建造人工岛方式建设，建成后能够让目前世界最大的民航客机"空中客车 A380"顺利起降，将成为世界最大海上机场。新机场规划建设四条跑道，先期建设两条跑道，跑道长 3600 米，飞行区等级按 4F 标准建设。

大连金州湾国际机场是作为国家交通运输"十二五"发展规划和国务院辽宁沿海经济带发展规划的重点项目（见图 4.17）。2011 年 2 月填海通道工程获得辽宁省政府批准，2012 年 10 月新机场建设工程的各项手续陆续完成。预计将在 2020 年正式通航。

图 4.17　大连金州湾国际机场鸟瞰图

资料来源：大连金州湾国际机场［EB/OL］．百度百科，https：//baike. baidu. com/item/大连金州湾国际机场/7852422？ fr = aladdin.

2013 年 7 月 1 日，大连金州湾国际空港产业区在大连金渤海岸现代服务业发展区挂牌成立，标志着伴随大连金州湾国际机场规划建设的推进，依托、服务于空港的产业开发全面启动。

4.3.5.2 招商建设情况

金州湾国际空港产业区总规划面积 10 平方千米，规划了面积约 6 平方千米的临空物流产业组团和面积约为 4 平方千米的空港商务区组团，前者位于金州新区与甘井子区交界处，后者位于金州湾离岸岛区域，产业定位为服务于空港经济带来的商务、会展、贸易、物流等众多经济业态的发展繁荣。

4.3.5.3 发展意义

在国家交通运输"十二五"发展规划和国务院辽宁沿海经济带发展规划中，国家明确提出了大连要建设新机场的问题。因此，大连建设新机场及空港经济区符合国家制订的空港总体发展规划，也标志着大连市将正式迈入"一个城市两个飞机场"的时代。

4.3.6 呼和浩特盛乐空港经济区

4.3.6.1 概述

2012 年 4 月，呼和浩特市启动了呼和浩特新机场选址报告的编制工作。2018 年 3 月开工，预计 2022 年通航。当期工程按满足 2030 年旅客吞吐量 2800 万人次、货邮吞吐量 32 万吨的目标设计。主要建设内容包括新建南北 2 条远距跑道、新建 32 万平方米的航站楼、124 个机位的站坪、5 万平方米的交通换乘中心、9.5 万平方米的停车楼等。新机场总投资为 242.39 亿元。

呼和浩特新机场定位为国内重要的干线机场、区域性枢纽机场、一类航空口岸机场和首都机场的主备降机场。通过整合现状区域产业资源，完善城市服务职能，打造产城一体、文化交融、配套完善的空港枢纽区，形成集总部办公、航空服务、高端制造、科技研发、商贸物流、文化休闲、商务会展、国际交流等多种职能的综合性临空产业新区。

4.3.6.2 招商建设情况

随着呼和浩特新建机场项目的正式启动，空港经济区规划编制工作提上日程。空港经济区远期规划 100 平方千米，一期拟通过 40 平方千米区域的规划建设，将重点发展现代服务业、高端装备制造业、现代农业、物流保税四个类别八大核心产业。

优先发展航空物流业和空港直接配套服务产业，重点发展临空商贸会展产业、文化旅游产业、临空高科技产业和临空现代农牧业，并为航空等高端制造工业和其他产业预留发展空间。

4.3.6.3　发展意义

呼和浩特空港经济区的建设将有效助力呼和浩特市突破发展"瓶颈"，整合航空、旅游、娱乐、商贸、酒店、餐饮、培训、会展、房地产等配套产业，形成综合性临空产业园，实现呼和浩特市乃至自治区"交通升级、人才聚集、政策倾斜、经济腾飞"四大收获，成为经济发展的新引擎，从而有力推动产业结构升级，加快经济发展模式的转型，创造更多的就业渠道，加快转移剩余劳动力。

4.3.7　中国—东盟南宁空港扶绥经济区

4.3.7.1　概述

中国—东盟南宁空港扶绥经济区于 2010 年 10 月成立，由扶绥县人民政府、自治区水产畜牧兽医局、广西机场管理集团有限责任公司联合开发，是南宁空港经济区"一港两区"重要组成部分，规划面积 60.38 平方千米，2012 年被确认为自治区 A 类园区，2014 年被确定为自治区产城互动试点园区。

扶绥空港区位交通优势突出，距南宁市 45 千米，距吴圩国际机场 23 千米，距友谊关口岸 150 千米，距钦州港 170 千米，有南友高速、南扶二级路、湘桂铁路、左江航道穿园而过，规划建设中的南凭高铁、南宁轻轨 5 号线也在园区设站，兼具面向东盟、毗邻南宁、紧靠机场、通边达海优势（见图 4.18）。

4.3.7.2　招商建设情况

扶绥空港以"承接优势产业转移、优势企业扩张的示范基地，国内企业开拓东盟市场、东盟企业开拓国内市场的生产加工基地、综合性物流基地、首府南宁城市服务配套及南宁空港功能配套的新城区"为发展定位，重点发展糖果休闲食品、临空轻工制造、现代物流、新型建材、高新技术和临空服务六大产业组团，打造宜居宜商宜产、商机无限的生态新城。

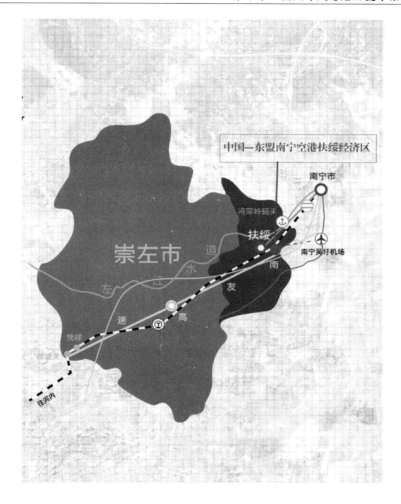

图 4.18　中国—东盟南宁空港扶绥经济区交通区位

资料来源：中国—东盟南宁空港扶绥经济区网站，http：//fusui. gxit. org/portal. php？mod = view&aid = 3&sut = 1。

2012 年 5 月，自治区党委、自治区人民政府为发展壮大广西糖业产业，将广西糖果休闲食品产业园设在扶绥空港经济区内，项目一期规划面积 8020 亩，是广西唯一一个糖果休闲食品产业园和自治区级专业的"园中园"。2020 年 4 月 16 日开工的中国—东盟南宁空港扶绥经济区工业企业总部基地及休闲食品产业园项目，是自治区"双百双新"项目，同时也是广西民营经济投资发展股份有限公司投资建设的首个产业园区项目。项目规划用地约 2 万亩，总投资 120 亿元，重点发展休闲食品、生物科技、现代物流、电子信息制造、总部基地等产业集群，建成"产城融合、城园一体"的空港产业示范园区。项目建成后，预计可容纳 160 家企业，实现年工业总产值 360 亿元，年税收 28 亿元，可为 10 万人提供就业岗位。

4.3.7.3 建设意义

中国—东盟南宁空港扶绥经济区紧抓中国—东盟贸易区升级发展战略机遇，借力国家实施"一带一路"倡议时代大势，充分发挥经济区全面覆盖"双核驱动""三区统筹"区位优势，顺势而为，应势而动，打造一座集首府大都市圈核心城市组团、南新通道核心经济枢纽、高端服务业聚集区和自治区产城融合示范区于一体的新兴空港生态新城。

4.3.8 资阳临空经济区

4.3.8.1 概述

根据四川省政府发布的《成都天府国际机场临空经济区规划纲要》，资阳临空经济区规划面积 99 平方千米（资阳市另规划了 192 平方千米的协调发展区），其中城镇建设用地 35 平方千米。资阳临空经济区地处资阳主城区北面和东西两侧，定位为国家级国际航空枢纽、国家级内陆临空经济发展示范区、西部重要的现代化空港新城、西部重要的创新创业基地。

发展目标：到 2020 年，与成都天府国际机场同步建成交通运输、口岸物流、商务服务等配套设施，形成较完备的企业入驻条件；起步区基本建成，功能组团初步形成，区域生态体系和生态红线基本稳固。到 2030 年，形成以临空制造业、临空综合服务业、高端示范农业为主导的产业体系，培育临空产业集群，建成国际一流的基础设施和公共服务设施，打造现代化开放型临空经济示范区。

资阳临空经济区位于成都天府国际机场东南方向，距离机场 12 千米，距离成都主城 68 千米，距离双流机场 69 千米，距离蓉欧快铁青白江始发站 78 千米，距离长江航道泸州港 198 千米，是四川省同时连接双机场（成都天府国际机场和重庆江北机场）的唯一临空经济区。

区域内"八轨五高六快"的交通路网布局实现了"连接全国，联通世界"

的大交通格局（见图 4.19）。境内已有成渝铁路、成渝客专、厦蓉高速，将规划建设蓉京高铁、蓉昆高铁、地铁 18 号线、成都新机场—资潼高速路、临空经济区至机场北快速通道、资三—资安快速通道、资遂快速通道、城南至成宜快速通道、资简快速通道等路网，使该区域东西方向全面融入成渝"双核"，南北贯通川东北和川南两大城市群（见图 4.20）。

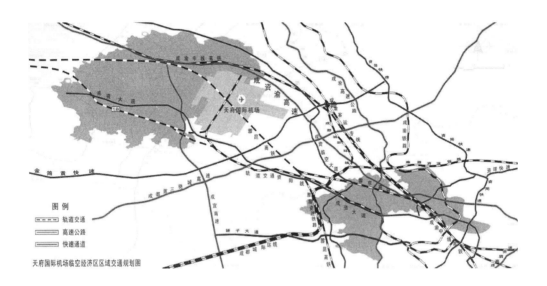

图 4.19　资阳临空经济区区域交通

资料来源：资阳临空经济区官网，http://www.zylk.gov.cn/zjlk/lkjj/qwjt。

4.3.8.2　招商建设情况

资阳临空经济区在总体规划初步方案中，提出了"山水城相融，蓝绿互映的生态宜居城市"的总体规划原则。在设计理念上，提出了"先定山水、再定城"，实现山水田园林与城市空间形态的完美融合，打造青山绿水的山水之城；坚持形态组团化、功能网络化，打造有机生长的网络之城；通过建设顺畅快捷的交通联系和换乘设施，打造内联外畅的开放之城。在总体空间结构上，明确了"一城一区三小镇"的空间布局："一城"，即在中西部区域建设临空生态新城；"一区"，即依托东部的山体，建设具有绿色休闲功能的生态涵养区；"三小镇"，即在东部沿江区域打造墨池坝、李家坝、董家坝三个特色小镇（见图 4.21）。

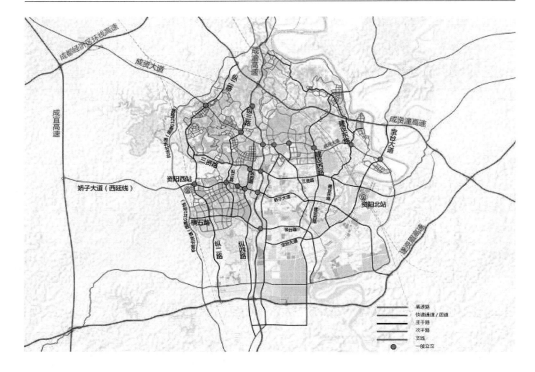

图 4.20　资阳临空经济区区内路网

资料来源：资阳临空经济区官网，http：//www.zylk.gov.cn/zjlk/lkjj/qwjt。

　　在绿地景观规划上，规划了"一脊、两带、多园"的绿地景观系统，让35平方千米的城市围绕山水田园林布局、依托山水田园林建设、融入山水田园林之中，让64平方千米的自然生态景观融入城市各个空间，临空经济区总绿化覆盖率达到70.9%。在功能分区上，确定了由产业集中区、休闲商务区、临空商贸区、主题公园、山地康养小镇、临江特色小镇、高端农业园区七大区块构成的产城融合的临空产业新城。在交通道路规划上，规划了"三高七快"的区域联动网络、"五横八纵"的区内骨架路网，以及23千米的滨湖景观环道（见图4.22）。

　　资阳临空经济区要建设以临空制造业、临空综合服务业、高端示范农业为主导的产业体系。在临空制造业方面，主要发展临空依赖性强、附加值高的高端制造业，重点布局通信与网络设备、电子元器件、智能仪器、生命科学等业态。在

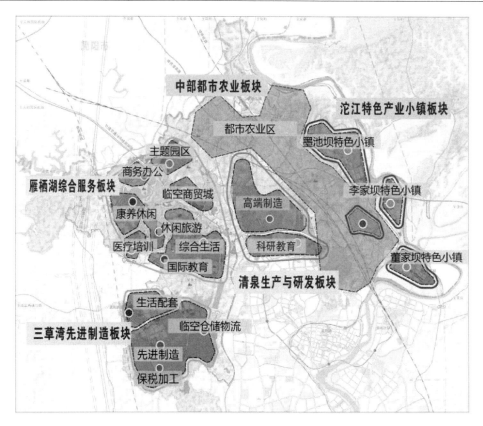

图 4.21 资阳临空经济区"一城一区三镇"的空间布局

资料来源：资阳临空经济区官网，http：//www.zylk.gov.cn/zjlk/lkjj/qwjt。

综合服务业方面，主要发展总部经济、电商物流等业态，培育航空展示、康养度假、临空商务、高端品牌商业等新经济模式。在高端示范农业上，发挥临空优势，重点发展都市农业、特色农庄、农产品物流等业态，全力打造高端现代农业示范区，培育形成具有国际影响力的农产品贸易基地。

4.3.8.3 建设意义

资阳临空经济区是成资一体及内陆开放的重要平台，是"成渝制造业核心区、现代服务业集聚区、内陆开放前沿区"的重要载体和推动资阳发展新跨越的引爆点和增长极，是四川发展临空经济，实现绿色低碳发展、对外开放合作、经济新引擎培育的重点区域，将成为"一带一路"向西和向南、向东开放的内陆前沿区。

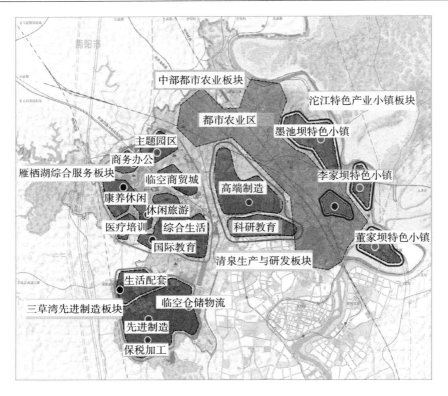

图 4.22 "一城一区三镇"的空间布局

资料来源：资阳临空经济区官网，http：//www. zylk. gov. cn/zjlk/lkjj/qwjt。

4.3.9 合肥空港经济示范区

4.3.9.1 概述

合肥空港经济示范区位于合肥经济技术开发区高刘镇境内，江淮分水岭脊背地区，新桥国际机场南侧，东至南淝河水源地保护区、南至滁河干渠、西至瓦东干渠、北至寿县交界。规划控制面积约 32.5 平方千米，其中启动区 7.5 平方千米。合肥空港经济示范区以合肥新桥国际机场为依托，打造以航空经济为引领的现代产业基地，以航空运输为依托的区域性航空物流基地，以航空器维修检测为主导的航空运输保障基地，形成助推合肥城市转型跨越发展的战略平台、带动安徽省域经济增长的重要引擎、携手长三角、融入国际的空中门户。

4.3.9.2 招商建设情况

合肥空港经济示范区分为三个功能板块，分别为临空产业区、门户发展区、空港新市镇。其中临空高新技术产业区重点发展电子信息产业、汽车高端零部件研发制造产业等；航空物流加工产业园重点发展航空物流、保税物流、流通加工等。核心产业发展方向主要有：航空运输保障业、航空物流业、临空高新技术产业、高端商贸休闲业；潜力产业：临空生产性服务业、通用航空产业；其他产业：临空现代农业。

4.3.9.3 建设意义

合肥空港经济示范区是合肥市贯彻落实省委、省政府加快合肥经济圈建设决策部署的重大举措，是合肥市大力发展航空经济，进一步优化空间布局、加快产城融合的战略支点。

4.3.10 鄂州市临空经济区

4.3.10.1 概况

2019 年 12 月 4 日，鄂州市临空经济区挂牌成立，这一新区将着重围绕正在建设中的湖北国际物流核心枢纽开展工作。按湖北省机构编制委员会批复，鄂州市委临空经济区工作委员会与鄂州市临空经济区管理委员会合署办公。同时，市、区两级出资成立鄂州临空集团有限公司，为临空经济区招商、投资、融资、开发、建设、运营的市场化主体，由市政府委托临空经济区管理与运营。

鄂州市临空经济区规划面积为 178.7 平方千米，西起鄂黄大桥连接线，北抵长江，东接黄石市主城区与鄂州市花湖镇界，南接黄石市下陆区、铁山区，包含鄂城区燕矶镇、花湖镇、杨叶镇、沙窝乡、碧石渡镇、汀祖镇、新庙镇（葛山大道以东区域）七个乡镇，并托管鄂州市三江港新区（见图 4.23）。《关于推进鄂州市临空经济区建设发展的意见》提出，临空经济区起步管辖范围确定为葛山大道以东区域以及燕矶、沙窝、杨叶、新庙四个乡镇（其中月陂村、洪港村划归凤凰街办管辖）。起步管辖范围在临空经济区挂牌后一次性整体移交，起步管辖范围之外的区域管理权将根据开发建设推进情况逐步移交。

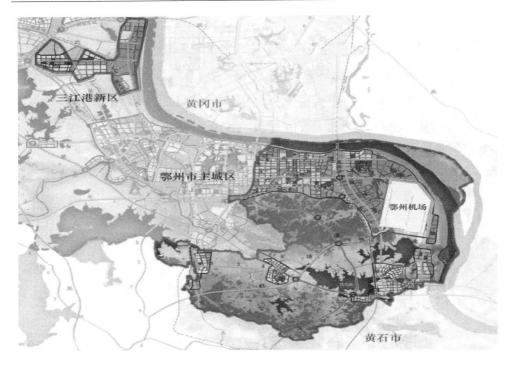

图 4.23 鄂州市临空经济区区域示意图

资料来源：鄂州临空经济区"将扩大"除了鄂州顺丰国际机场还有这些大项目……［EB/OL］．鄂州网，https：//www.ezhou.com/article/article_ 3420.html，2019 – 11 – 23.

4.3.10.2 招商建设情况

鄂州市临空经济区建设规划主要包括产城融合发展区、先进制造引领区、航空物流集聚区、综合服务创新区和生态基底保护区等空间板块（见图4.24）。大力发展航空物流产业、电子商务产业、临空服务产业、新一代信息技术产业、高端临空制造产业、大健康产业。

第一，产城融合发展区，位于临空经济区西部，规划面积37.4平方千米，建设城市综合体，完善社会公共服务体系，打造产城融合发展的现代都市典范。

第二，先进制造引领区，位于临空经济区北部，规划面积22.5平方千米，重点布局综合保税区、航空货运总部区等功能性项目，发展新一代信息技术、智能装备、大健康等产业，打造临空产业集群。

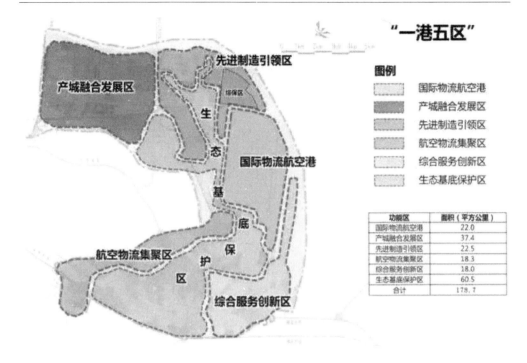

图 4.24　鄂州市临空经济区"一港五区"示意图

资料来源：鄂州临空经济区"将扩大"除了鄂州顺丰国际机场还有这些大项目……［EB/OL］. 鄂州网，https：//www. ezhou. com/article/article_ 3420. html，2019 – 11 –23.

第三，航空物流集聚区，位于临空经济区西南部，规划面积 18.3 平方千米。积极发展现代物流、配送产业集群，发展航空服务、电子商务等重点产业，带动相关配套产业协同发展。

第四，综合服务创新区，位于临空经济区南部，规划面积 18 平方千米。建设国际航空特色城市生活区，发展高端居住、酒店、综合商贸，创新发展航空经济区综合服务业。

第五，生态基底保护区，规划面积约 60.5 平方千米。推进乡村振兴，建设绿色生态屏障，保护山水林田湖草，审慎开发江湖近岸景观带，发展休闲体验、科普教育、创意文化与生态养生。

4.3.10.3　建设意义

成立临空经济区是加快中部地区对外开放的必然要求，是优化区域产业布局

的必然要求，是推动区域协同示范发展的必然要求。随着鄂州机场的高位推进，武汉城市圈客货双枢纽的格局日渐清晰。成立临空经济区，将促进武汉、鄂州在科技创新互动、产业发展融合、基础设施互享，推动鄂黄黄协同发展驶入快车道，为争取国家级空港经济综合试验区创造条件。

第5章 专项研究

5.1 国家临空经济示范区评价标准探索研究

空港经济区是依托航空枢纽和现代综合交通运输体系，提供高时效、高质量、高附加值产品和服务，集聚发展航空运输业、高端制造业和现代服务业而形成的特殊经济区域，是民航业与区域经济相互融合、相互促进、相互提升的重要载体。

2015 年 7 月，国家发展和改革委、民航局联合发布《关于临空经济示范区建设发展的指导意见》，国家将临空经济区发展提升到一个前所未有的高度。建立科学有效的评价标准，是促进临空经济示范区科学发展的重要方面。目前从国家层面尚未开展临空经济示范区建设成效的评估和排名，本章试图从理论角度对该项工作进行探讨。

5.1.1 国家临空经济示范区评价标准

5.1.1.1 申报设立临空经济示范区应具备条件

《关于临空经济示范区建设发展的指导意见》（发改地区〔2015〕1473 号）中指出，申报设立临空经济示范区应具备以下条件：

（1）设立临空经济示范区应符合区域发展总体战略、新型城镇化战略和优化经济发展空间格局的总体要求，符合全国主体功能区规划和相关土地利用总体规划、城乡规划，资源环境承载能力较强，行政区划清晰明确。

（2）临空经济示范区原则上是在直辖市、省会城市、计划单列市，或者其他区位优越、物流便利、开放型经济发展水平较高的大城市布局。

（3）临空经济示范区所在地机场年货邮吞吐量应在10万吨以上或年客流量1000万人次以上，空域条件较好，现代交通运输体系较为完善，便于开展联程联运和陆空衔接，有一家以上的基地航空公司或若干家大型物流公司入驻；适当考虑通用航空基础好、航空制造业发展潜力大的地区。

（4）临空经济示范区所在地机场周边现有产业园区基础良好、特色突出，产业结构合理、临空指向性强，基础设施和管理服务体系比较完善，周边货运集疏运网络系统与机场货运能力匹配，有利于承接与集聚发展相关产业。

国家从区域战略、经济实力、枢纽功能、产业基础等方面提出了临空经济示范区的申报条件，以期发挥临空经济示范区的中枢作用，提升其国际影响力和竞争力，带动相关产业和相关区域发展，进一步提升对外开放水平。本节将从国家对临空经济示范区的总体要求出发，细化设定相应评价指标，以期对国家临空经济区示范区发展情况进行可量化的评价。

5.1.1.2 现有临空经济示范区定位特点

在对比国家给14个临空经济示范区批复及各自的发展定位过程中发现，各临空经济示范区的发展定位主要聚焦于三个方面：一是从枢纽机场的角度出发，辐射何种范围、在什么层面形成枢纽。二是从空港经济区的产业发展角度出发，准备发展什么产业、在全国的产业层次中处于什么位置。三是从空港经济区本身的建设出发，准备建设一个什么样的城市新区，以什么标准来建设相关区域。因此，对临空经济示范区的评价也应该以其定位特点为出发点，而不能一概而论，采取规制性的硬性指标要求每个示范区处于同一水平线。以下对比分析中，我们将从枢纽定位、经济发展、城市功能三个方面进行分析（见表5.1）。

由以上对比分析，可以得出如下结果：

第一，枢纽定位方面。航空枢纽方面，广州、上海、西安、南京定位为国际航空枢纽，青岛、杭州、贵阳定位为区域性枢纽机场；对外开放方面，共有九个临空经济区在此方面提出了目标，其中北京、青岛、宁波着眼全球，郑州、重庆、成都、贵阳、西安则面向内陆地区提出开放目标。可见，各地因地制宜，从当地实际出发，提出了符合经济规律的目标定位，则对其评价也应从各地目标出发。

表 5.1　中国临空经济示范区定位特点

名称	枢纽定位	经济发展	城市功能
郑州航空港经济综合实验区	内陆地区对外开放重要门户	国际航空物流中心、以航空经济为引领的现代产业基地、中原经济区核心增长极	现代航空都市
北京大兴国际机场临空经济区	中国的全球门户	京津冀的新增长极	首都的世界客厅
青岛胶东临空经济示范区	区域性航空枢纽、对外开放引领区	高端临空产业基地	现代化生态智慧空港城
重庆临空经济示范区	内陆开放空中门户	临空高端制造业集聚区、临空国际贸易中心、全国创新驱动核心区	低碳人文国际航空都市区
广州临空经济示范区	国际航空枢纽	临空高端产业集聚区、空港体制创新试验区	生态智慧现代空港区
上海虹桥临空经济示范区	国际航空枢纽	全球航空企业总部基地、高端临空服务业集聚区、全国公务机运营基地	低碳绿色发展区
成都临空经济示范区	内陆开放先行区	临空经济创新高地、临空高端产业集聚区	新型生态智慧空港城
长沙临空经济示范区	长江经济带空铁联运枢纽	创新发展内陆开放型经济高地、高端临空产业集聚发展区	绿色生态宜居智慧航空城
贵阳临空经济示范区	西部内陆地区对外开放重要门户、西南航空客货运枢纽	特色高端临空产业基地	智慧型生态化临空示范区
杭州临空经济示范区	区域性航空枢纽	全国高端临空产业集聚区、跨境电商发展先行区	生态智慧航空城

名称	枢纽定位	经济发展	城市功能
西安临空经济示范区	国际航空枢纽、内陆改革开放新高地	临空特色产业聚集区	生态宜居空港城市
宁波临空经济示范区	提升全球资源配置和服务能力	培育发展新动能、构建以航空贸易物流、临空智能制造为主导的现代临空产业体系	促成港产城融合发展
首都机场临空经济示范区	大型国际航空枢纽、亚太地区的重要复合枢纽	国家临空经济转型升级示范区	首都生态宜居国际化先导区
南京临空经济示范区	国际航空枢纽	现代化临空经济产业体系	现代化生态化智慧型临空经济示范区

第二，经济发展方面。"高端特色临空产业"和"创新基地"是各临空经济示范区在经济方面定位的重点，其中，青岛、广州、成都、长沙、贵阳、杭州、西安七个示范区都提出要发展高端特色临空产业，重庆、广州、成都、长沙四地提出创新驱动发展目标；除此之外，有些地方发展方向更为明确，比如发展航空物流、高端制造业、高端临空服务业、国际贸易、总部基地、跨境电商等。可见，临空经济区发展的重心是以科技支撑的高端特色产业，摒弃传统的劳动密集型和资源密集型的低端制造业，对其评价也应当注重产业结构，注重科学技术水平，注重高端产业对经济的贡献度及其产值占比。

第三，城市功能方面。各临空经济示范区的定位中包含三个层次的内容。第一层次是环境方面，关键词是"生态""绿色""低碳"，几乎所有示范区都提出了这方面的目标；第二层次是城市管理方面，强调智慧化方向，青岛、广州、成都、长沙、贵阳、杭州、南京七地都提出"智慧城市"目标；第三层次是城市生活方面，强调"宜居"和"港城融合"，这是城市发展的最高层面，提出这一目标的包括长沙、宁波和西安。伴随着中国进入全面决胜小康社会阶段，居民对于美好生活的向往越来越突出，城市不再是单纯满足人们的生存需要，更应进一步满足人们的娱乐、教育、医疗、卫生等全面化的需要，因此应重视城市功能在临空经济示范区评价体系中的作用，以更好地以产带城，以城促产，进一步实现产城融合。

5.1.2　国家临空经济示范区量化评价

5.1.2.1　量化指标体系

依据《关于临空经济示范区建设发展的指导意见》（发改地区〔2015〕1473号）（以下简称《指导意见》），以及上述对已批复的 14 个临空经济示范区的分析，结合《国际空港城市——在大空间中构建未来》（王学东，2014）一书中的理论构架，我们在总结汲取相关研究者的研究成果的基础上，将国家级临空经济示范区评价标准分为三个层级：第一层级为一级指标，包含枢纽机场、综合交通运输体系、临空经济、经济腹地四个指标，第二层级为二级指标，包含 11 个指标，第三层级为三级指标，包含 32 个指标（见表 5.2）。

表 5.2　国家临空经济示范区量化评价指标体系

一级指标	二级指标	三级指标	指标考察目的
枢纽机场	机场辐射作用	旅客吞吐量/万人次	机场的辐射作用使资源聚集，带动周边地区发展。庞大的国际客货流和起降架次反映机场运营规模，航线数量反映机场网络通达性，基地航空公司带动航空制造业等相关产业聚集，通航点日航班频次反映航线网络厚度，反映网络通达性，对临空经济区发展具有重要作用
		货邮吞吐量/万吨	
		起降架次/万架次	
		航线数量/条	
		基地航空公司数量/家	
		通航点日航班频次	
	机场运行效率	最短中转时间（MCT）/分钟	机场运营效率反映机场运营情况；MCT 反映机场中转能力；机场年收入反映机场利润情况
		机场年收入/亿元	
综合交通运输体系	联运体系	路网里程数/千米	联运体系反映了交通的机动性，多元运输方式简化运输的中间环节，使其具有灵活性；路网里程数反映经济区与外界路网密度，轨道交通里程数反映经济区内交通建设情况
		轨道交通里程数/千米	
	交通通达情况	衔接合理性/分钟	交通通达情况反映交通的可达性；衔接合理性反映经济区与外界交通可达性；通勤时间反映经济区内交通便利程度；货邮吞吐量和国际业务份额反映交通运输网络的对外辐射程度，国际业务份额侧重反映国际辐射力
		通勤时间/分钟	
		货邮吞吐量/万吨	
		国际业务份额/%	

一级指标	二级指标	三级指标	指标考察目的
空港经济	区位条件	所属经济区行政等级	区位条件反映空港经济在国家战略中的地位，对实施国家意图的作用大小，从所属经济区和行政等级两方面评价
	产业发展	大型物流公司数量/家	空港产业是空港经济产生的核心和支撑。大型物流公司数量、航空指向性产业产值占工业总产值比重考察与空港经济发展密切相关的航空运输、航空制造、航空物流等产业发展情况；跨国企业数量反映经济区内产业发展规模
		航空指向性产业产值占工业总产值比重/%	
		跨国企业数量/所	
	科技实力	高新技术产值占工业总产值比重/%	科学技术是国之利器，从高新技术产值占工业总产值比重、专利数、研发机构数量考察空港经济区内科技实力
		专利数/项	
		研发机构数量/家	
	临空功能	基础设施满意度	整体城市功能是空港经济区发展的重要动力。基础设施是经济发展的基础，管理服务体系是经济发展的重要保障
		管理服务满意度	
经济腹地	经济发展水平	全市 GDP/亿元	经济发展水平是建设空港经济区的核心目标，衡量经济发展的首要指标。GDP 反映总体经济状况；财政收入通过政府财力侧面反映经济运行情况，反映政府对经济发展的支持能力；社会消费品零售总额空港经济区内消费情况；城市常住人口总量反映城市规划和经济活动聚集度；城乡居民人均年收入反映当地经济发展的总体水平和消费实力情况
		财政收入/亿元	
		社会消费品零售总额/亿元	
		城市常住人口总量/万人	
		城乡居民人均年收入/元	
	外向型经济发展水平	进出口总额/亿美元	国家推动形成对外开放新格局的政策引导下，空港经济区应积极发展对外经济。进出口总额反映对外贸易发展情况，旅游年收入反映旅游对经济的带动作用
		旅游年收入/亿元	
	环保水平	空气质量指数（AQI）	经济发展不仅要考虑经济总量，还要兼顾环境保护

（1）枢纽机场。

机场是临空经济区的核心，机场的枢纽特性是机场运营规模、网络通达性、中转能力等枢纽特性的表现。根据《指导意见》中"临空经济示范区所在地机场年货邮吞吐量应在 10 万吨以上或年客流量 1000 万人次以上"，设立机场辐射作用、机场运行效率 2 个二级指标；机场辐射作用下设旅客吞吐量、货邮吞吐量、起降架次、航线数量、基地航空公司数量、通航点日航班频次 6 个三级指标；机场运行效率下设最短中转时间（MCT）、机场年收入 2 个三级指标。

（2）综合交通运输体系。

交通运输体系是临空经济区产生和发展的生命脉络，建设综合交通运输体系能协调人流、物流、资金流等各种要素，为临空经济区及其周边腹地的相关产业群形成创造良好的条件。根据《指导意见》中"现代交通运输体系较为完善，便于开展联程联运和陆空衔接"，"周边货运集疏运网络系统与机场货运能力匹配"，设置联运体系、交通通达情况 2 个二级指标：联运体系下设路网里程数、轨道交通里程数 2 个三级指标；交通通达情况下设衔接合理性、通勤时间、货邮吞吐量、国际业务份额 4 个三级指标。

（3）临空经济。

临空经济为临空经济示范区发展提供支撑，临空经济区要积极布局临空产业。根据《指导意见》中"设立临空经济示范区应符合区域发展总体战略、新型城镇化战略和优化经济发展空间格局的总体要求"，"临空经济示范区原则上在直辖市、省会城市、计划单列市有一家以上的基地航空公司或若干家大型物流公司入驻"，"适当考虑通用航空基础好、航空制造业发展潜力大的地区"，"临空经济示范区所在地机场周边现有产业园区基础良好、特色突出，产业结构合理、临空指向性强，基础设施和管理服务体系比较完善"等要求，设置区位条件、产业发展、科技实力、临空功能 4 个二级指标：区位条件下设所属经济区、行政等级 2 个三级指标；产业发展下设置大型物流公司数量、航空指向性产业产值占工业总产值比重、跨国企业数量 3 个三级指标；科技实力下设高新技术产值占工业总产值比重、专利数、研发机构数量 3 个三级指标；临空功能下设基础设施满意度、管理服务满意度 2 个三级指标。

（4）经济腹地。

经济腹地的面积及腹地经济发展状况对临空经济发展起着重要作用，腹地越宽广，经济越发达。根据《指导意见》中"区位优越、物流便利、开放型经济发展水平较高的大城市布局"，设置经济发展水平、外向型经济发展水平、环保水平 3 个二级指标：经济发展水平下设全市 GDP、财政收入、社会消费品零售总额、城市常住人口总量、城乡居民人均年收入 5 个三级指标；外向型经济发展水平下设进出口总额、旅游年收入 2 个三级指标；环保水平主要考察城市空气质量指数（AQI）。

5.1.2.2　具体指标探讨

（1）枢纽机场。

枢纽机场至少是大型区域性机场，是空港经济区发展的载体。机场的枢纽特性是机场运营规模、网络通达性、中转能力等枢纽特性的表现。现在许多城市的政府出于发展旅游业、构建完整的交通体系等需要都在兴建或计划兴建机场。可以说，机场的产生和发展是空港经济产生和发展的前提，缺少机场作用的经济模式不能界定为空港经济。机场航线数量和运输业务规模对空港经济的建设和发展产生决定性的影响，如果缺少国际、国内客货流的有力支撑，或机场的航线和航空运输业务规模过小，就无法使经济空间的资源要素逐渐向机场周边地区聚集，更无法对机场周边区域的产业发展产生辐射带动作用。所以，并非所有的机场都能够发展空港经济，形成空港经济区，只有在枢纽机场，至少是大型区域性枢纽机场才可能规划空港经济区。

（2）综合交通运输体系。

交通运输体系是保证现代社会经济正常运行的重要环节。随着区域社会经济一体化的发展，社会分工越来越明确，各个地区在经济发展中扮演的角色各有不同，使地区间的人、财、物等资源的交流越来越频繁，对交通的机动性和可达性提出了更高的要求，传统的单一烦琐的交通模式已经越来越不能适应当今社会发展。早在 20 世纪七八十年代，美国、日本等发达国家已经着手规划综合交通运输体系，现在已经形成高度发达的运输体系。

基于现代物流的发展和人们出行的需要，综合交通运输体系应运而生，要求城市规划部门和交通管理部门通过整合航空、铁路、公路、水路等多元运输方式，简化客货运输的中间环节，使其具有较大的灵活性，这是现代化交通运输的必然要求。综合交通运输体系亦要求从传统"管制型"交通向"协调型"交通转变，明确规划和设定多元交通方式的关键接口，提高运输效率。

从空港的角度而言，交通运输体系是联系空港与空港、空港与腹地的交通网络，是空港经济产生和发展的生命脉络。网络通达性，包括机场航线网络通达性，机场地面综合交通网络通达性，机场所在区域与周边地区的资金、信息、人力等资源连通性。第一，机场航线网络通达性决定了机场的对外连接能力，决定了城市的可连通国际市场范围。空港通过各条航线将城市与城市联系起来，航班越多，城市间的联系也就越经常化、多方面化、紧密化，相互影响就越深远，相互协作分工就会产生发展空港产业的需要，形成空港产业群。第二，机场地面综合交通网络通达性，主要是机场综合交通枢纽建设，即多种交通运输方式的衔接程度，这决定了机场的对内沟通能力，决定了连接城市腹地资源的范围和临空经济区的区域影响空间范围。空港往往又是区域中联系铁路、公路、水路等多种运输方式的枢纽，是各种运输工具的结合部和转换衔接的场所，所以空港区域是物流市场及为交通运输服务的相关行业及各种企业的密集地，从而形成相关的产业群。第三，产业群的形成和繁荣是空港及周边地区真正成为一个经济区的核心内容。而若要实现客流、物流、资金流以及信息流在空港间及空港与腹地间的快速通达和高效运转，必须大大提高交通的可达性和机动性，形成综合交通运输体系。对于我国这样面积广大的国家，跨区域的联动将主要依靠航空网络和高速铁路的作用。通过建立层次性较强的交通网络，协调整合空港流动要素，能够为大型空港及其周边腹地的相关产业群的形成创造良好的条件。

（3）临空产业。

临空产业是临空经济产生的核心和支撑。临空产业包括与机场和航空运输直接或间接相关的产业，如直接为航空运输服务的产业、航空保税产业、高新技术产业及其配套零部件产业、出口加工业、现代园艺农业、商务、旅游、生活服务业、房地产业等。随着经济全球化、一体化、区域化的深入，经济发展模式发生了很大变化，使企业的区位偏好由运费指向、供给指向、市场指向逐渐发展成时间价值指向。在以节约研发时间和最短化新产品进入目标市场时间为特征的柔性化生产方式中，时间价值成为影响企业的成本与收益的重要区位因素，企业的区位决策目标指向机场——这个拥有现代快速的交通运输工具的场所，使区域生产要素的聚集和扩散行为变得通达而迅捷，加速了区域资源流动。因此，在新环境下企业的区位需求是临空经济产生发展的动因之一。

临空产业要考虑机场航线网络的覆盖面。临空产业的原材料和产品主要依靠航空运输，因此，机场的航线网络连接原材料产地和市场是关键因素。进驻临空经济区的企业如果没有相应的航线网络，无法充分利用机场资源，其生产将受到很大制约，继而影响企业的正常运营。同时，临空产业的发展应同区域经济发展规划统一，实现区域的协调发展，否则容易变成一个孤岛型产业区。机场所在区域是临空经济发展的经济支撑。机场所在城市拥有优越的区位优势和交通条件，就会对各生产要素产生强大吸引力和集散功能，各种要素通过临空经济循环实现显值和增值，并使机场所在城市成为资源转化、物资集散、资金配置、信息交换、人才集聚的经济中心，从而促进城市经济的发展。而城市经济的发展，特别是高新技术产业的发展，为机场带来更多的客货运输，聚集更多的人流、物流、资金流和信息流，使各种生产要素更加集中，从而促进临空经济和城市经济的进一步发展。世界范围内港口与腹地城市的发展演变始终遵循着一个普遍规律——"建港兴城，以港兴城，港为城用，港以城兴，港城相长，衰荣共济"，港口与所在城市、腹地经济存在相互依存、互联互动的关系。

大型枢纽空港的崛起，可以大大扩展城市对外联系的空间，大型空港周边相关产业群的形成使空港区域成为区域经济增长的新高地，使其形成具有强大集聚效应和扩散效应的增长极。机场所在区域的经济社会发展水平直接影响临空经济区机场繁荣度、临空经济产业高效度和空港社会和谐度。以临空产业为例，航空客流和航空货流的高端性决定了临空产业具有高技术、高人才、高资金和高风险的区位偏好，而区域的宏观经济水平决定了人才、资金的聚集程度，同时也决定了政府的扶持力度。

（4）经济腹地。

大型枢纽机场和综合交通运输体系仅为临空经济的产生发展提供了潜在的可能性，这种潜在的可能性只有在具备了一定的客观条件后才能转化为现实的事物，这种客观条件就是聚集的临空产业群与繁荣的城市经济和宽广的经济腹地。因此，临空经济一定是这两种因素共同作用的结果。

对空港城市而言，经济腹地主要是指空港航运输入、输出货物的影响范围，空港腹地往往与空港周边交通基础设施的通达能力、港口货运的货种结构、腹地经济的产业结构等直接相关。经济腹地的面积以及腹地经济发展状况对机场和临空经济的发展无疑起着决定性的作用，腹地越宽广，经济越发达，货源就越充足，就越能促进空港城市的发展。

5.2 高速铁路对空港经济的影响与协作分析

近年来，中国铁路经过几次提速之后，推出了有自主知识产权的高速铁路系统，使我国一举成为世界上高速铁路技术最先进的国家，但与此同时，高铁的开通对航空业带来负面影响的新闻也层出不穷。从国际经验来看，任何国家或地区一旦出现高速铁路，均不同程度地对本地区航空运输市场产生分流作用。在日本随着"新干线"的开通，日本航空运输业的发展整体放缓，一度出现过负增长的情形。在欧洲，法国航空也相继停飞了一些高铁沿线航班，高铁抢得了许多航线的市场份额。而在我国，2012 年 12 月，京广高铁全线正式开通，全长 2298 千米，沿途站点 37 站，而在 2013 年 1 月，北京首都国际机场旅客吞吐量环比下降了 3%，广州白云机场旅客吞吐量环比下降了 2%。[①] 因此，在我国，高铁的开通发展对民航运输业带来了一定的负面影响，本节将详细探讨在各种不同条件下这种影响的大小。随着"空港经济"概念的提出及其发展，研究高铁对航空以及空港经济产生的影响，对于探讨空港经济未来的发展路径选择，也具有十分重要的意义。

5.2.1 我国高速铁路运营概况

1964 年，日本新干线系统开通，行驶在东京—名古屋—京都—大阪的东海道新干线，营运速度每小时 271 千米，营运最高时速 300 千米，是史上第一个实现"营运速率"高于时速 200 千米的高速铁路系统。

20 世纪 90 年代以来，中国开始对高速铁路的设计建造技术、高速列车、运营管理的基础理论和关键技术组织开展了大量的科学研究和技术攻关。2002 年 12 月建成的秦皇岛至沈阳间的客运专线，是中国自己研究、设计、施工、目标速度 200 千米/小时，基础设施预留 250 千米/小时高速列车条件的第一条铁路客

---

① 资料来源：国泰安数据库。

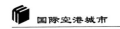

运专线。

2007年4月18日，中国首趟动车组列车在上海站始发，标志着我国动车时代的来临。

2008年，中华人民共和国铁道部颁布了《中长期铁路网规划（2008年调整）》，描绘了我国今后即将建设的"四纵四横"高铁网络规划方案。其中，"四纵"为京沪高速铁路、京港客运专线、京哈客运专线、杭福深客运专线（东南沿海客运专线）；"四横"为沪汉蓉高速铁路、徐兰客运专线、沪昆高速铁路、青太客运专线。作为全路主心骨和全国大动脉的"四纵四横"高铁网的建成是铁路发展史上的一个重大里程碑，它不仅疏通了各大城市，更驱动了全国的经济脉搏。

2010年12月3日，在京沪高铁枣庄至蚌埠试验段，CRH380AL新一代高速动车组创造了时速486.1千米的"世界铁路运营第一速"。

2012年12月1日，中国首条也是世界第一条新建高寒地区高速铁路哈尔滨—大连高铁投入运营。

2012年12月26日，全球运营里程最长的高速铁路——京广高铁全线开通运营。全长2298千米的京广高铁，北起北京，南至广州，全线设计时速350千米。

2014年12月26日，兰新高铁全线贯通。全长1776千米，是世界上一次性建成通车里程最长的高铁。除此之外，它还是首条穿越沙漠大风区的高铁，拥有横穿海拔最低的吐鲁番盆地和海拔最高的祁连山高铁隧道，被誉为"世界高铁第一高隧"。

截至2017年年末，我国高铁运营里程2.5万千米，居世界首位，占全球总里程的66%。

根据铁道部的预测，到2020年，我国整体铁路将基本覆盖我国所有地级以上行政区，并将覆盖超过90%以上的全国人口。而"四纵四横"的规划又大幅覆盖了包括长三角、珠三角等在内的主要经济发达区和人口稠密区。这就与民航运输企业黄金航线主要集中的区域产生了高度重叠。今后，随着高铁网络建设的迅猛发展与不断完善，民航或将面临与高铁更多的直接竞争。

5.2.2　我国航空运输业发展现状

根据中国民用航空局的统计数据显示，2018 年，我国境内民用航空（颁证）机场共有 235 个（不含香港、澳门和台湾地区，下同），其中定期航班通航机场 233 个，定期航班通航城市 230 个。

2018 年我国机场主要生产指标继续保持平稳较快增长，全年旅客吞吐量超过 12 亿人次，完成 126468.9 万人次，较上年增长 10.2%。分航线看，国内航线完成 113842.7 万人次，较上年增长 9.9%（其中内地至香港、澳门和台湾地区航线完成 2872.7 万人次，较上年增长 6.0%）；国际航线完成 12626.1 万人次，较上年增长 13.0%。

完成货邮吞吐量 1674.0 万吨，较上年增长 3.5%。分航线看，国内航线完成 1030.8 万吨，较上年增长 3.1%（其中内地至香港、澳门和台湾地区航线完成 99.3 万吨，较上年增长 0.3%）；国际航线完成 643.2 万吨，较上年增长 4.1%。

完成飞机起降 1108.8 万架次，较上年增长 8.2%（其中运输架次为 937.3 万架次，较上年增长 7.4%）。分航线看，国内航线完成 1015.6 万架次，较上年增长 8.3%（其中内地至香港、澳门和台湾地区航线完成 19.7 万架次，较上年增长 2.3%）；国际航线完成 93.3 万架次，较上年增长 7.3%。

各机场中，年旅客吞吐量 1000 万人次以上的机场达到 37 个，较上年净增 5 个（宁波栎社、石家庄正定、珠海金湾、温州龙湾、合肥新桥机场），完成旅客吞吐量占全部境内机场旅客吞吐量的 83.6%，较上年提高 2.6 个百分点。首都机场旅客吞吐量突破 1 亿人次；北京、上海和广州三大城市机场旅客吞吐量占全部境内机场旅客吞吐量的 23.3%，较上年下降 1.0 个百分点。年旅客吞吐量 200 万~1000 万人次机场有 29 个，较上年净增 3 个，完成旅客吞吐量占全部境内机场旅客吞吐量的 9.6%，较上年下降 2.2 个百分点。年旅客吞吐量 200 万人次以下的机场有 169 个，较上年减少 2 个，完成旅客吞吐量占全部境内机场旅客吞吐量的 6.9%，较上年下降 0.4 个百分点。京津冀机场群完成旅客吞吐量 14499.7 万人次，较上年增长 7.7%。长三角机场群完成旅客吞吐量 22805.0 万人次，较上年增长 9.1%。粤港澳大湾区机场群珠三角九市完成旅客吞吐量 13227.9 万人次，较上年增长 8.4%。成渝机场群完成旅客吞吐量 10202.2 万人次，较上年增长 7.3%。

各机场中，年货邮吞吐量 10000 吨以上的机场有 53 个，较上年净增 1 个，完成货邮吞吐量占全部境内机场货邮吞吐量的 98.4%，较上年下降 0.1 个百分点，其中北京、上海和广州三大城市机场货邮吞吐量占全部境内机场货邮吞吐量的 48.8%，较上年下降 1.1 个百分点。年货邮吞吐量 10000 吨以下的机场有 182 个，较上年净增 5 个，完成货邮吞吐量占全部境内机场货邮吞吐量的 1.6%，较上年上升 0.1 个百分点。京津冀机场群完成货邮吞吐量 240.7 万吨，较上年增长 1.8%。长三角机场群完成货邮吞吐量 558.0 万吨，较上年增长 0.2%。粤港澳大湾区机场群珠三角九市完成货邮吞吐量 316.1 万吨，较上年增长 6.0%。成渝机场群完成货邮吞吐量 106.6 万吨，较上年增长 3.8%。

可以看出，2018 年，我国民航运输业依然保持良好的发展势头。根据国泰安数据库中的数据统计，我们绘制了 2008～2017 年我国民航运输量统计图表，如表 5.3、图 5.1、图 5.2 所示。

表 5.3　2008～2017 年中国民航运输量统计

年度	客运量总计（万人）	国内航线客运量（万人）	货（邮）运量总计（吨）	国内航线货（邮）运量（吨）
2009	23051.64	21578.14	4455347.00	3194364.10
2010	26769.14	24837.71	5630370.50	3704055.60
2011	29316.66	27198.61	5574778.90	3794352.20
2012	31936.05	29600.24	5450342.20	3885172.70
2013	35396.63	32741.83	5612526.30	4067216.30
2014	39194.88	36039.90	5940988.20	4256716.20
2015	43618.40	39411.44	6292941.60	4424497.90
2016	48796.05	43633.77	6680104.70	4748184.20
2017	55156.11	49611.20	7058920.80	4838144.30
2018	61173.77	54806.50	7385100.00	4957900.00

资料来源：国泰安数据库。

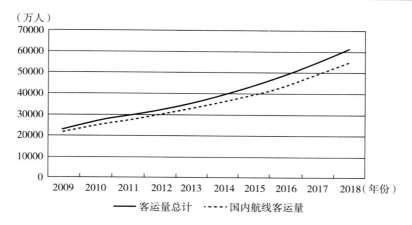

图 5.1 2009～2018 年中国民航客运量统计

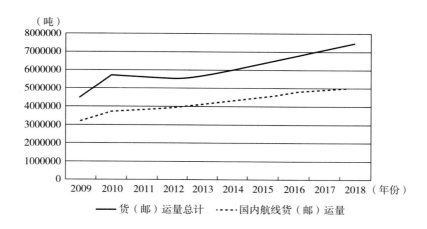

图 5.2 2009～2018 年中国民航货（邮）运量统计

从上面的图表中可以看出，总体来说，我国民航运输业始终保持着向上的发展趋势。从宏观上看，高铁的开通发展对民航业的运输业务没有带来明显冲击。出现这种现象的原因可能在于，高铁开通后不久，微观上已经体现出对民航运输的替代作用，航空公司为保持自身发展，便及时采取应对策略，例如降低票价、调整部分航班航线等，加上经济的内生性增长对民航运输业务的促进作用，从而使从宏观上看，民航运输始终保持着向上发展的趋势。

5.2.3 航空运输业与空港经济建设间的关系

为了便于后文的分析，我们有必要在这里讨论航空运输业与空港经济建设发展之间的关系。

空港经济依托大型枢纽机场的综合优势，发展具有航空指向性的产业集群，因此，空港产业的起步与发展和机场建设紧密相关，随着机场尤其是大型枢纽机场客货运量的增长、航线网络在全球的扩展，机场逐渐对周边地区的土地利用模式产生影响，进而导致经济结构、产业结构随之改变，机场同周边的区域相互渗透、经济地域空间进一步融合，最终演化成具有完善的自我组织能力的经济区域，形成空港经济区。因此，空港经济发展的动力首先就来自机场的发展实力。

而机场的首要功能便是航空运输，因此，大力发展航空运输业能够带动枢纽机场的进一步发展壮大，从而带动区域空港经济的发展建设，促进空港指向性产业的聚集发展，进而再次推动空港经济的发展，形成良性循环，如图5.3所示。

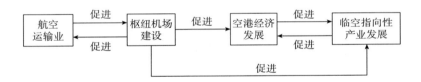

图5.3 航空运输业与空港经济建设关系

5.2.4 高铁与航空的优势分析

5.2.4.1 高铁运输的优势

相对航空运输而言，高铁在经济性、便捷性、舒适性等方面具有一些民航运输暂不具备的优势。

第一，高铁价格相对更低。票价高低是影响旅客选择出行方式的重要因素之一，相对民航而言，高铁的票价相对更低。例如，西安至成都的机票价格最低也在400元左右，而西安至成都的高铁二等座票价仅有263元，价格差距明显。

第二，中短途运输中，高铁速度更快。一般而言，航空运输速度显著高于高铁，但如果加上市区通勤、安检等时间，特别是在短途运输中，高铁开始具备速度优势。例如，西安至汉中的民航运输时间约为 1.5 小时，而高铁运输时间则只有 1.3 小时。与此同时，西安至天水、郑州等地的高铁运输时间也小于或等于民航运输时间。因此，总体来说，在短途运输当中，高铁也开始具备一定的速度优势。

第三，高铁更便利。一般而言，高铁列车站大多在市区，交通便利，进站手续较少，且列车受天气等外界因素的影响而延误的可能性相对较小。但机场一般不如高铁的地理位置更便利，因此，考虑从市区前往机场，以及安检、候机的等待时间，包括天气等各种因素造成的延误时间，乘坐飞机的便利程度反而不如高铁。

第四，高铁运输能力更强。高铁每列客车可载旅客 1600 ~ 1800 人，而民航单机一般最大载客为 500 人左右，因此，从载客能力角度来看，高铁一趟的运输能力更强。同时，高铁一次全线路程会途经多个城市，每个站点停留 5 分钟左右，这也使高铁在一次路程中可以多次上下客，从而使其运输能力更大。而民航客机一般一趟只在两个城市间起降，运输能力十分有限。

第五，高铁能源消耗更少。根据人民铁道网的统计数据显示，各种交通运输工具平均每人千米的能耗，高速铁路为 571.2J，普通铁路为 403.2J，高速公路公共汽车为 583.8J，小轿车为 3309.6J，飞机为 2998.8J。如以普通铁路每人千米的能耗为 1.0 来计算，则高速铁路为 1.42，公共汽车为 1.45，小汽车为 8.2，飞机为 7.44。因此，高铁的能源消耗要明显低于飞机，更有利于资源节约与环境保护。

5.2.4.2　航空运输的优势

虽然高铁较之民航有许多优势，但不可否认民航自身仍然具备许多优势。

第一，民航仍然具备明显的速度优势。常见的民航客机对地时速在 700 ~ 1000 千米/时，而高铁的运输时速一般在 200 ~ 400 千米/时，民航显然比高铁运输速度更快，尤其在中长途的运输中，航空运输的速度优势更为明显。

第二，民航安全性高于高铁。根据民航资源网 2018 年的相关数据显示，运输航空百万小时重大事故率十年滚动值为 0.013（世界平均水平为 0.153），是同期世界平均水平的 1/12，因此，总体来说，我国民航运输具备较高的安全性。

另外，虽然民航的安检程序相对于高铁复杂许多，但是此举能有效减少运输事故的发生，使运输安全性大大提高。

第三，民航建设易于高铁，运营范围广于高铁。从建设周期来看，修建民航机场、开通航线的时间要快于修建铁路，例如，2017 年开建的雄安通用机场，计划 2019 年即可建成，而高铁建设一般却需要 4～5 年的建设周期。从建设投资角度来看，民航机场基本建设周期短，投资较少，主要投资于机场及其辅助设施的建设，而高铁建设投资大、周期长，线路造价每千米 1 亿元左右，建新车站等设施投资将更大。从土地占用来看，民航机场土地占用较少，根据 2018 年民航客流量排名前十的机场来看，其占地面积均值为 65.24 万平方米，而我国十大高铁站的占地面积均值为 52.23 万平方米，如表 5.4 与表 5.5 所示。从运营范围来看，民航运输可以波及的地域范围广于高铁，尤其对于地理形势复杂的山地、高原城市而言，由于地理原因不能够或不适宜建设运营高铁，反而更适宜开通航线。

表 5.4　2017 年中国民航客流量排名前十的机场占地面积统计

机场	占地面积（万平方米）
北京/首都	141.00
上海/浦东	82.40
广州/白云	140.37
成都/双流	100.00
深圳/宝安	19.50
昆明/长水	15.90
西安/咸阳	35.00
上海/虹桥	8.20
重庆/江北	73.00
杭州/萧山	37.00
平均值	65.24

资料来源：笔者整理。

表 5.5   中国十大高铁站占地面积统计

高铁站	占地面积（万平方米）
贵阳北站	70.58
广州南站	61.50
南京南站	45.80
上海虹桥站	130.00
郑州东站	41.18
武汉站	37.08
杭州东站	34.00
西安北站	53.30
北京南站	32.00
长沙南站	16.90
平均值	52.23

资料来源：笔者整理。

5.2.5   高铁对民航及空港经济的影响

高铁与民航在不同领域各具优势，因此，不同情况下高铁对民航的影响会存在一定的差异，本部分将从不同运输范围、不同机场以及客运与货运三个方面来深入分析高铁对民航及空港经济的影响。

5.2.5.1   不同运输范围

在不同运输时间下，高铁对民航的替代效应影响程度不同。根据前文的分析可知，高铁在短途运输中具备速度优势与价格优势，因此，在短途运输中，高铁对民航具有较为显著的替代作用。这里我们将从模型分析与案例分析两个角度进行讨论。

（1）模型分析。

旅客选择民航出行时所耗用的总时间一般包括飞机的飞行时间、旅客候机的时间，以及旅客从出发地到机场航站楼的时间。选择高铁作为出行方式时的总耗用时间类似，包括列车运行时间、旅客候车的时间，以及旅客从出发地到高铁站所耗用的时间。因此，我们设置了一系列变量，如表 5.6 所示。

表5.6 高铁对民航的影响模型变量说明

变量符号	变量说明
Sf	飞行距离
Vf	飞行时速
Ff	飞机的总飞行时间 Ff = Sf/Vf
Fp	候机所消耗的时间（例如办理登机牌、进行安检等）
Fr	从出发地至航站楼所耗用的时间
Fa	选择民航出行方式的总耗用时间 Fa = Ff + Fp + Fr
Sh	列车行驶距离
Vh	列车运行时速
Hf	列车的运行时间 Hf = Sh/Vh
Hp	候车所消耗的时间
Hr	从出发地至高铁站所耗用的时间
Ha	选择高铁出行方式的总耗用时间 Ha = Hf + Hp + Hr

可以看出，民航与高铁在竞争时，两者运输距离优势的临界点为 Fa = Ha 时的距离值 Sf = Sh，设为 S。

将 Ff = Sf/Vf，Hf = Sh/Vh 代入 Fa = Ff + Fp + Fr 与 Ha = Hf + Hp + Hr 中，有：

Fa = Sf/Vf + Fp + Fr

Ha = Sh/Vh + Hp + Hr

当 Fa = Ha，Sf = Sh = S 时，有：

S/Vf + Fp + Fr = S/Vh + Hp + Hr

换算可得：

S = [（Hp + Hr − Fp − Fr）VhVf]/（Vh − Vf）= [（Fp + Fr − Hp − Hr）VhVf]/（Vf − Vh）

根据公式可以看出，当旅行距离等于 S 时，旅客在选择民航或者高铁两种出行工具时，出行时间相等，此时出行时间不会成为左右旅客做出选择的因素。

一般而言，客机的飞行时速在 700km/h 到 1000km/h，取均值为 850km/h，故令 Vf = 850km/h。一般而言，我国高铁的运行时速为 300km/h，故令 Vh = 300km/h。Hp + Hr − Fp − Fr 可以理解为高铁的非运行时间与飞机的非运行时间之差，一般而言，我们认为飞机的候机时间比高铁候车时间长 1 小时，从市区前往机场航站楼的时间比高铁站长 1 小时，故令 Fp + Fr − Hp − Hr = 2h。

将以上变量值代入公式 S = [(Fp + Fr − Hp − Hr)VhVf]/(Vf − Vh)，有：

S = (2 × 300 × 850)/(850 − 300) = 927. 27km

当旅行距离大约为 927. 27 千米时，旅客在选择民航或者高铁两种出行工具时，出行时间大约相等，此时出行时间不会成为左右旅客做出选择的因素。

当旅行距离小于 927. 27 千米时，设为 500 千米，则：

Fa = Sf/Vf + Fp + Fr = 500/850 + Fp + Fr = 0. 59 + Fp + Fr

Ha = Sh/Vh + Hp + Hr = 500/300 + Fp + Fr − 2 = Fp + Fr − 0. 33

故，Fa − Ha = 0. 59 + Fp + Fr − (Fp + Fr − 0. 33) = 0. 92 > 0

故 Fa > Ha，即选择民航出行方式的总耗用时间大于选择高铁出行方式的总耗用时间，因此旅客会倾向于选择高铁作为出行方式。

当旅行距离大于 927. 27 千米时，设为 1000 千米，则：

Fa = Sf/Vf + Fp + Fr = 1000/850 + Fp + Fr = 1. 18 + Fp + Fr

Ha = Sh/Vh + Hp + Hr = 1000/300 + Fp + Fr − 2 = Fp + Fr + 1. 33

故，Fa − Ha = 1. 18 + Fp + Fr − (Fp + Fr + 1. 33) = − 0. 15 < 0

故 Fa < Ha，即选择民航出行方式的总耗用时间小于选择高铁出行方式的总耗用时间，因此此时，旅客会倾向于选择民航作为出行方式。

总之，当旅行距离大约为 927 千米时，旅客在选择民航或者高铁两种出行工具时，出行时间大约相等，此时出行时间不会成为左右旅客做出选择的因素。当旅行距离小于 927 千米时，选择民航出行方式的总耗用时间大于选择高铁出行方式的总耗用时间，因此，旅客会倾向于选择高铁作为出行方式。当旅行距离大于927 千米时，选择民航出行方式的总耗用时间小于选择高铁出行方式的总耗用时间，因此，旅客会倾向于选择民航作为出行方式。

（2）案例分析。

在案例分析部分，我们以西安为例，选取了不同距离的八个城市进行分析，并得出数据如表 5.7 所示。

根据表 5.7 可以看出，不同距离下的八个城市中，民航与高铁运输的时间与价格存在一定的差异，据此，我们分别从时间角度与价格角度对两者间的差异进行对比分析，如图 5.4 与图 5.5 所示。

表 5.7　中国不同线路的民航与高铁运输对比

线路	距离（千米）	民航		高铁	
		时间（小时）	价格（按全价票均值的三折计算）（元）	时间（小时）	价格（按二等座）（元）
西安—汉中	277	1.5	300	1.3	97
西安—天水	340	1.7	220	1.7	92.5
西安—郑州	480	2.2	495	2	239
西安—成都	711	2.4	315	4	263
西安—北京	1080	2.5	555	5.5	515.5
西安—杭州	1308	2.6	384	7	653.5
西安—广州	1626	3.1	445	9	813.5
西安—福州	1672	3.1	450	11	824.5

资料来源：笔者整理。

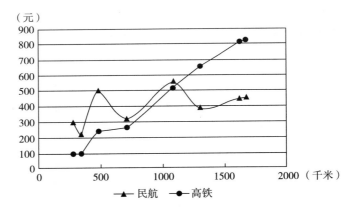

图 5.4　中国民航与高铁的票价与距离关系

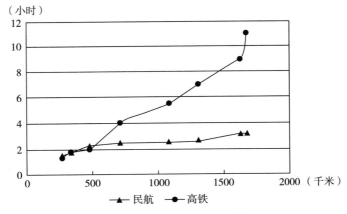

图 5.5　中国民航与高铁的行程时间与距离关系

根据图 5.4 的分析结果可知，随着距离的增加，高铁的票价呈现出明显的上升趋势，而民航的票价相对较为稳定。与此同时，在距离大约 1100 千米以内时，民航的票价基本高于高铁票价；在距离大于 1100 千米以上时，高铁的票价开始显著大于民航票价。因此，对于出行选择为票价导向性的旅客而言，在大约 1100千米以内的距离运输时会更倾向于选择高铁，而在距离为 1100 千米以上时，则会更倾向于选择民航。因此，从票价的角度对比可以发现，在运输距离小于大约 1100 千米时，高铁对民航的替代作用显著，但当距离大于大约 1100 千米时，民航则具备显著的价格优势。

根据图 5.5 的分析结果可知，随着距离的增加，高铁的运输时间呈现出显著的上升趋势，而民航的运输时间相对上升较慢。在距离为 500 千米以内时，高铁的运输时间稍短于民航，而在距离为 500 千米以上时，民航的运输时间则明显低于高铁。考虑到机场安检以及到市区通勤时间多于高铁大约 2 小时，因此，在900 千米以内，高铁对于民航都具有时间优势。

因此，对于出行选择为时间导向性的旅客而言，在 900 千米以内的距离运输时会更倾向于选择高铁，而在距离为 900 千米以上时，则会更倾向于选择民航。总之，从运输时间的角度出发，可以发现在距离小于 900 千米时，高铁会对民航产生一定程度的替代作用，而当距离大于 900 千米时，高铁的替代作用会逐渐削弱。此时，我们得出了与第一部分模型分析几乎一致的结论。

总之，在短途运输中，高铁会对民航产生显著的替代效应，而随着距离的不断增加，该替代效应逐渐减弱，民航的优势逐渐凸显。当高铁对民航的替代作用显著时，无疑会冲击到民航运输业及航空导向性产业的发展，从而对空港经济的建设发展产生负面影响。

5.2.5.2 不同机场

高铁的开通会对机场的旅客运输产生一定的负面影响，但对于枢纽机场等大型机场而言，由于其具有更加密集的国际、国内航线，更大规模的客货运吞吐量，更加多元化的发展战略，因此认为高铁的开通对该类机场的负面影响有限。根据中国民用航空局的统计数据显示，2018 年我国大陆地区机场按旅客吞吐量数据统计排名前三的分别是北京首都国际机场、上海浦东国际机场、广州白云国际机场，而这些机场近十年来的旅客吞吐量数据都呈现出上升趋势（见图 5.6）。

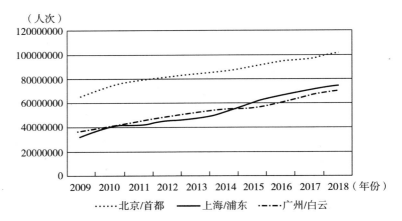

图 5.6　2009～2018 年中国三大枢纽机场旅客吞吐量

资料来源：中国民用航空局。

　　根据图 5.6 可以发现，我国三大枢纽机场旅客吞吐量始终保持上升趋势，可见高铁的开通对其产生的负面影响并不显著，而因经济发展、商业往来等其他方面的原因对民航运输业带来的正面影响表现更为显著。因此，对于依托枢纽机场而建设发展的空港经济来说，高铁的开通建设对其带来的负面影响十分有限。

　　支线机场相对枢纽机场来说客货运吞吐量、航线数量都要明显低于枢纽机场，因此，倘若支线机场发展战略较为单一，且短途运输占据运输业务的主要部分，那么高铁的开通无疑会对其发展带来巨大的冲击。于 2009 年通车的甬台温铁路北起宁波市，经台州，南至温州市，而从图 5.7 中可以看出，2011 年台州路桥机场旅客吞吐量较 2010 年增长了 1.8%，增速明显下降，而 2012 年的旅客吞吐量则较 2011 年直接下降了 35.7%。

　　因此，对于具备上述特征的、发展能力较低的支线机场而言，高铁的开通会对其发展带来明显的负面影响，从而影响到依托支线机场发展建设的空港经济。

5.2.5.3　客运与货运

　　当下我国高铁的开通建设主要面向客流人群，因此高铁对民航业产生的影响也集中于客运方面，而高铁货运尚未得到大面积的充分发展，仅在部分城市进行试点，因此当前高铁开通对航空货运业的影响尚不明显（见图 5.8）。

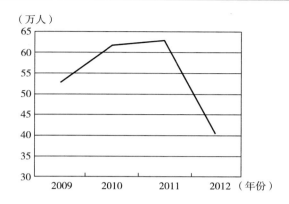

图 5.7　2009～2012 年中国台州路桥机场旅客吞吐量

资料来源：中国民用航空局。

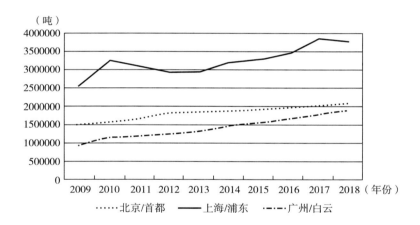

图 5.8　2009～2018 年中国民航机场货邮吞吐量合计

资料来源：中国民用航空局。

　　根据图 5.8 可以看出，近十年来，我国民航机场的货邮吞吐量始终保持上升趋势，并未出现大幅度波动，因此，总体来说，这些年高铁的开通发展对航空货运的影响十分有限，因此对于依托航空货运业发展的空港经济来说，影响也十分有限。但未来我国仍有极大可能大力发展高铁货运，加之高铁在短途运输中具备的时间优势与价格优势，以及受自然环境影响较小的因素，民航货运的发展或将受到高铁货运的冲击。

5.2.6 空港未来发展方向

结合前文分析的高铁与民航各自的优势，以及不同情况下高铁对民航带来的影响，我们认为，未来的空港经济建设发展可以从以下角度出发：

5.2.6.1 发展远程航线运输

根据前文的分析可以得知，在长途运输中，民航仍然具备一定的优势，因此，在面对高铁的竞争时，航空公司可以选择错位发展战略积极发展长途运输航线，特别在跨洋、跨洲运输上是其他运输方式很难替代的，因此，积极开拓国际市场，发展国际航线运输，努力构造国际枢纽航线网络对航空公司的长远发展来说具有重要意义。

我们收集了中国国际航空公司、东方航空公司、南方航空公司（缺 2012 年数值）三大航空公司 2008 年至 2017 年的国际客货运输量数据（见表 5.8 至表 5.10），并绘制成折线图（见图 5.9 ~ 图 5.14）。

表 5.8 2008 ~ 2017 年中国国际航空公司国际运输数据统计

年度	国际旅客运输量（千人）	国际货邮运输量（吨）
2008	5285.6	349375.4
2009	5317.2	343136.1
2010	6387.1	477840.4
2011	6585.6	463826.6
2012	6759.2	463651.2
2013	7821.0	465269.5
2014	9241.0	523382.9
2015	11027.6	601607.2
2016	13248.8	639789.0
2017	13496.0	719049.4

资料来源：国泰安数据库。

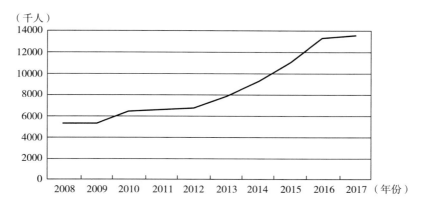

图 5.9   2008～2017 年中国国际航空公司国际旅客运输量统计

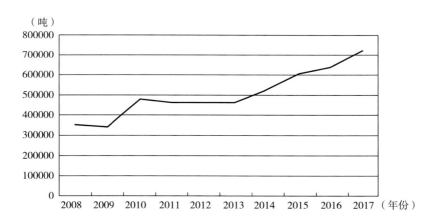

图 5.10   2008～2017 年中国国际航空公司国际货邮运输量统计

表 5.9   2008～2017 年中国东方航空公司国际运输数据统计

年度	国际旅客运输量（千人）	国际货邮运输量（千吨）
2008	4692.89	350.06
2009	4170.91	347.70
2011	7231.87	625.71
2012	7909.21	642.93
2014	9638.39	599.58

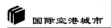

续表

年度	国际旅客运输量（千人）	国际货邮运输量（千吨）
2015	12258.30	600.82
2016	14325.53	584.80
2017	14671.67	247.85

注：2010年、2013年存在缺失值。

资料来源：国泰安数据库。

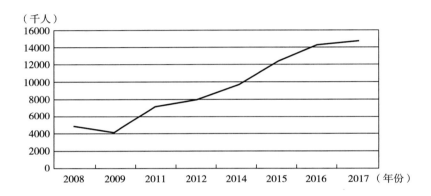

图5.11　2008～2017年中国东方航空公司国际旅客运输量统计

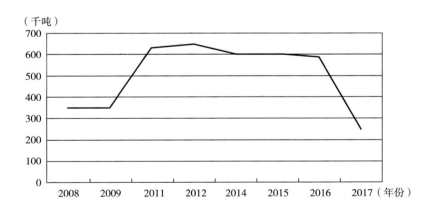

图5.12　2008～2017年中国东方航空公司国际货邮运输量统计

表 5.10　2008～2016 年中国南方航空公司国际运输数据统计

年度	国际旅客运输量（千人）	国际货邮运输量（千吨）
2008	3953.87	110.95
2009	3874.69	102.74
2010	5156.35	231.40
2011	5983.69	264.91
2012	6922.75	324.70
2013	7599.42	338.84
2014	9170.29	402.03
2015	11728.58	462.22
2016	13813.31	508.90

资料来源：国泰安数据库。

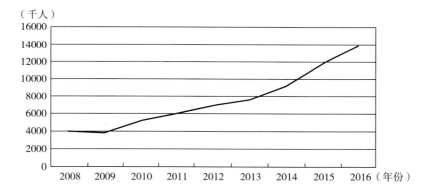

图 5.13　2008～2016 年中国南方航空公司国际旅客运输量统计

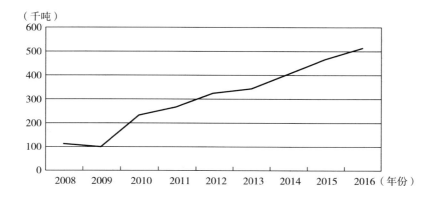

图 5.14　2008～2016 年中国南方航空公司国际货邮运输量统计

从以上的图表中可以看出，我国三大航空公司近十年来的国际客货运输量基本呈现上升态势。

表 5.11 统计了 2008～2017 年我国民用航空国际航线数据，并绘制成折线图（见图 5.15 和图 5.16）。

表 5.11 2008～2017 年中国民用航空国际航线数据统计

年度	民用国际航线条数（条）	民用国际航线里程（千米）
2008	297	1120166
2009	263	919899
2010	302	1070167
2011	443	1494387
2012	381	1284712
2013	427	1503150
2014	490	1767210
2015	660	2394434
2016	739	2828015
2017	803	3245859

资料来源：国泰安数据库。

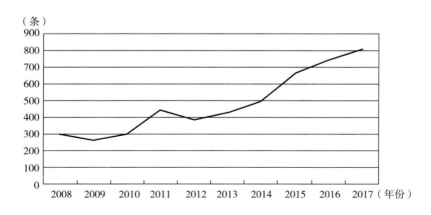

图 5.15 2008～2017 年中国民用航空国际航线数统计

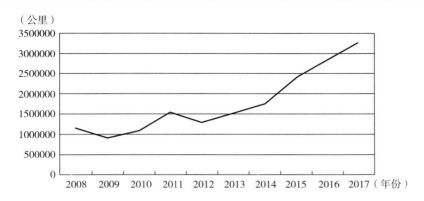

图 5.16　2008 ~ 2017 年中国民用航空国际航线里程统计

可以看出，近十年来，我国民用航空国际航线数与国际航线里程数都呈现出明显的上升趋势。因此，总体来说，在高铁飞速发展的时代，航空公司有足够的前景大力发展国际运输航线，提升自身实力，利用国际运输范围的进一步扩大，来增强空港经济的影响力，促进空港经济区的发展。

5.2.6.2　高铁与航空业互补联动发展

虽然高铁的开通使其与航空业的竞争性水平提高，但两者之间仍然存在着互补性关系，铁路能够为民航物流提供更加广阔的发展空间，民航物流也能够为铁路集散物流提供货源支撑。因此，通过"互联互通"，使铁路中短途物流与民航长途物流有机结合起来，在铁路物流与民航物流之间形成接续关系，将会促进高铁与航空业的联动发展。例如，我国的外向型经济特征促使我国许多商品需要出口，而在国内，中短途的物流集散活动可以由铁路组织起来，国际间的运输则可以依靠航空运输来实现，如图 5.17 所示。在这种情况下，铁路与民航的接续不仅能够同时促进两者的发展，也能够有效提高铁路与民航物流的资源配置效率，进而带动空港经济的发展。

图 5.17　铁路与民航"互联互通"

同时，民航机场可以通过建立大型国际化中转枢纽，形成"空铁联运"的运营模式，尽量使机场直接衔接客运专线或城际铁路，使高铁在区域客流集疏散中发挥积极作用，为开展"国内航线＋高铁"的空铁联运组织模式创造条件。从航空公司角度来说，可以通过不断提高客机服务体验品质，逐步形成与高铁的差异化竞争，为自身的发展寻求更多的出路。从政府角度来看，应尽快加快出台空铁联运的规范和标准，加强民航与铁路在信息系统上的对接与合作，推动航空公司与铁路运输企业实现信息共享，提升服务质量，提高运作效率。

5.2.6.3 不同机场采取不同的发展战略

对于受高铁影响较小的枢纽机场而言，可以在原先发展的基础上继续实施多元化发展战略，并侧重于发展长途运输业务，发挥枢纽机场与民航运输的优势，合理应对高铁的发展建设带来的冲击。而对于受高铁影响较大的支线机场而言，则可以采取错位发展战略，着重布局发展高铁难以建成通车的地区，避免与高铁发展的正面冲突，从而实现自身的长远发展。

从目前国内的形势来看，东部沿海城市，长江经济带区域是传统的经济发达地区，也是未来高铁与民航竞争较为激烈的地区，而西部偏远地区、东北部欠发达地区将成为新兴的经济增长点，随着这些地区经济的不断发展，对于快捷交通的需求将会不断增加，但是这些地区往往存在地形复杂、经济需求总量有限等问题，使高铁在这些区域投资开建的难度较大，因此，这一片交通运输需求区域就可以作为支线航空的理想市场，帮助支线机场避开与高铁的正面竞争，寻找到自身的发展出路。

总而言之，对于依托不同类型机场而发展建设的空港经济而言，应当深入分析其所依托机场的特征与优劣势，面临的高铁挤占市场的具体情况，从而寻找与选择最合适的发展战略，最大限度地减少高铁对民航运输业带来的替代作用，减轻对空港经济发展所带来的负面影响。

5.3 中国航空物流发展现状、现存问题及对策研究

作为现代物流业的一个重要组成部分，航空物流是以机场为主体，依托机场航线网络及航空运输优势，运送人员、货物、邮件的一种现代运输方式，为国际

贸易中的贵重物品、鲜活货物和精密仪器运输所不可缺。航空物流的迅速发展，不仅暗含着当地交通运输水平的大力提升，更是衡量一国经济社会现代化程度的重要指标。随着经济发展的全球化，航空物流的运输需求呈现出了迅猛的增长趋势，取得了前所未有的增长。表 5.12 显示了 2007 年和 2017 年世界范围内部分主要机场的货运量数据，可以看出，近十余年来，航空物流具有十分明显的增长趋势，也预示着国际航空物流市场仍然有很大的发展潜力。

表 5.12　2007 年和 2017 年世界部分主要机场货运量及其增长率

机场名称	2007 年总货运量（吨）	2017 年总货运量（吨）	2017 年较 2007 年增长（%）
孟菲斯国际机场	3840491	4336752	12.92
香港国际机场	3774191	5049898	33.80
上海浦东国际机场	2559310	3824280	49.43
仁川国际机场	2555580	2921691	14.33
东京成田国际机场	2254421	2336427	3.64
法兰克福机场	2168915	2194056	1.16
路易斯维尔国际机场	2078947	2602695	25.19
新加坡樟宜国际机场	1918160	2164700	12.85
洛杉矶国际机场	1848760	2158324	16.74
迪拜国际机场	1668505	2654494	59.09
台湾桃园国际机场	1605681	2269585	41.35

注：总货运量包含装货、卸货及邮件。

资料来源：Airports Council International。

5.3.1　中国航空物流发展现状

5.3.1.1　航空货运高速发展

随着世界范围内航空物流的迅猛发展，以及中国对外开放的不断深化，中国的航空物流业也进入了高速发展时期。图 5.18 显示了中国民航机场的货邮吞吐量发展情况。2007 年，我国境内民用航空定期航班通航机场 148 个，定期航班通航城市 146 个，全国各机场共完成货邮吞吐量[①] 861.1 万吨，其中，国内航线完

[①]　货邮吞吐量指货物和邮件的进出港数量。

成 554.0 万吨，国际航线完成 307.1 万吨。到了 2019 年，我国境内民用定期航班通航机场 237 个，比 2007 年增加了 60.14%；定期航班通航城市 234 个，比 2007 年增加了 60.27%；全国各机场共完成货邮吞吐量约 1710 万吨，比 2007 年增加了 98.58%，其中，国内航线完成 1064.3 万吨，比 2007 年增加了 92.11%，国际航线完成 645.7 万吨，比 2007 年增加了 110.26%。① 从 2007 年至今十余年的时间里，我国的民航货运业务取得了十分显著的发展，尤其是国际航线上的货邮运输更是突飞猛进。

图 5.18　2007～2019 年中国民航货邮吞吐量及其发展趋势

资料来源：中国民用航空局。

从航空企业发展来看，2010 年年底，中国共有运输航空公司 43 家，到 2019 年底，则增长至 62 家；中航、东航、南航、海航四家主要航空公司在 2010 年的货邮运输量合计为 508.8 万吨，到 2019 年则增长至 612.15 万吨，增长了 20.31%。2011 年，民航全行业累计实现营业收入 5001 亿元，其中，航空公司实现营业收入 3532 亿元；到了 2019 年，民航全行业累计实现营业收入 10624.9 亿

---

① 数据来源于中国民用航空局。

元，较 2011 年增长了 112.46% ，其中，航空公司实现营业收入 6487.2 亿元，较
2011 年增长了 83.67%。[①]

可以看出，十余年来，中国航空运输业取得了飞速发展，航空市场的蓬勃发
展与航空运力的增长态势，表明了中国交通运输基础设施体系的日益完善，也反
映了中国经济发展与现代化建设取得了显著成效。

5.3.1.2　相关鼓励政策不断推出

近年来，国务院、民航局和各地政府不断出台鼓励航空物流发展的政策，为
促进中国航空物流业的发展奠定了重要的制度基础。表 5.13 对相关政策进行了
部分列举。

表 5.13　中国鼓励航空物流发展的部分政策

时间	政策名称	有关内容	颁布机构
2018 年 11 月	《新时代民航强国建设行动纲要》	着力开拓航空物流市场，提升货运专业服务能力，构筑覆盖全球的国际航空物流网络，打造以航空物流为主导的全球现代供应链管理中心、国际快件转运中心和跨境电商物流分拨中心	中国民用航空局
2018 年 11 月	国务院《关于支持自由贸易试验区深化改革创新若干措施的通知》	在对外航权谈判中支持郑州机场利用第五航权，在平等互利的基础上允许外国航空公司承载经郑州、西安至第三国的客货业务。进一步加大对西安航空物流发展的支持力度。支持利用中欧班列开展邮件快件进出口常态化运输。支持设立首次进口药品和生物制品口岸	国务院
2018 年 5 月	《民航局关于促进航空物流业发展的指导意见》	不断深化对航空物流发展规律的研究把握，着力优化航空资源配置，全面提高航空物流信息化水平，切实提高地面服务质量和效率，持续完善货运安保链条管理	中国民用航空局
2016 年 12 月	《中国民用航空发展第十三个五年规划》	鼓励航空物流做大做强，把握快递物流、跨境电商、即时生产等市场发展趋势；改善航空货运发展环境，促进航空货运企业构筑完善的航空货运网络，打造货运公共服务平台，加快航空物流信息共享，规范货运代理市场秩序，提升货运地面服务效率，完善航空货运关务服务	中国民用航空局，国家发展和改革委，交通运输部

[①]　数据来源于中国民用航空局。

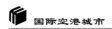

国际空港城市

续表

时间	政策名称	有关内容	颁布机构
2012 年 7 月	《国务院关于促进民航业发展的若干意见》	完善货运航线网络，推广应用物联网技术，按照现代物流要求加快航空货运发展，积极开展多式联运	国务院
2004 年 2 月	《关于加快发展国内航空货运若干政策措施的意见》	放宽国内航空货运市场准入，进一步完善国内航空货运价格体系，提高航空货物运输速度和服务质量，建立航空货运市场监管机制	中国民用航空总局

资料来源：中国民用航空局、国务院。

除国务院与民航局之外，中国的地方政府也在中央政策的指导下，不断推出向航空物流倾斜的鼓励政策，例如，2017 年 3 月，重庆市人民政府办公厅关于加快国际航空枢纽建设促进民航业全面发展的意见提出，要"加强货运保障体系建设、完善货运航线，发展空空、空地、空铁等多式联运，引入大型航空货运、物流企业在渝设立区域集散中心，发展高货值、低成本的航空物流运输"。2016 年 1 月，河南省人民政府《关于进一步加快民航业发展的意见》提出，要"着力培育提升郑州机场全货运航线的竞争优势……培育壮大航空物流产业集群……巩固扩大电子消费品货运市场，积极开发冷链物流、航空快递、跨境电子商务等新兴市场，推动航空物流与新兴业态融合发展……推动铁路快运与航空货运合作，推广'陆空联运'、'空空中转'和'客货互转'模式，打造综合物流服务优势"。2014 年 12 月，广东省人民政府办公厅《关于进一步加快民航业发展的意见》提出，要"加快形成以广州白云国际机场、深圳宝安国际机场为骨干的华南地区航空货运和快件集散网络"。诸如此类，地方上关于促进民航业的政策措施中对航空物流的发展十分重视，这样的政策环境为中国航空物流的发展壮大奠定了十分重要的政策基础。

5.3.2 中国航空物流发展存在的问题

5.3.2.1 与国际先进发展水平仍有差距

虽然中国的航空物流取得了十分瞩目的成就，香港国际机场的货运量更是多年保持世界第一，但总体来说，中国的航空物流发展与世界先进水平仍然具有一定的差距。

从表 5.14 中的数据中可以看出，中国在 2010 年、2018 年的空运货物周转量位列世界第二，仅次于美国，取得了较为领先的地位。但从绝对数来看，中国 2010 年的空运货物周转量为 171.94 亿吨千米，仅为美国的 43.69%，说明中国虽然位列世界第二，但其绝对数规模不足美国的一半。2018 年，中国的空运货物周转量增长至 252.56 亿吨千米，为美国的 58.76%，绝对数规模仍然落后于美国 177.29 亿吨千米。因此，总体来说，中国的航空物流发展与世界领先水平之间仍然具有较大的差距，也仍有很大的发展空间。

表 5.14　世界部分国家或地区空运货物周转量

国家或地区	空运货物周转量（万吨千米）		
	2000 年	2010 年	2018 年
美国	3017198	3935326	4298530
中国	390008	1719388	2525621
中国香港	511151	1037344	1267672
韩国	765134	1294273	1192956
日本	867205	769880	942066
德国	712771	748748	796986
俄罗斯	104141	353158	681061
英国	516087	608274	619837
新加坡	600489	712142	519490

资料来源：国际统计年鉴。

5.3.2.2　东西部发展不平衡

根据中国民航局发布的《2019 年民航行业发展统计公报》数据显示，2019 年中国民航运输机场完成货邮吞吐量约 1710.02 万吨，其中东部地区完成货邮吞吐量 1245.92 万吨，中部地区完成货邮吞吐量 124.70 万吨，西部地区完成货邮吞吐量 279.04 万吨，东北地区完成货邮吞吐量 60.36 万吨。图 5.19 显示了不同地区的份额大小。

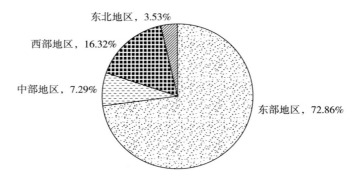

图 5.19　2019 年中国民航机场货邮吞吐量按地区分布

从图 5.19 中可以看出，东部地区民航机场货邮吞吐量占到了全国的 72.86%，而中部地区仅占 7.29%，西部地区仅占 16.32%，东北地区仅占 3.53%。东部地区民航机场货运能力占据了全国的绝大部分份额，远超于东西部地区。除此之外，2019 年，全国年货邮吞吐量 1 万吨以上的运输机场有 59 个，其中北京、上海和广州三大城市机场货邮吞吐量占全部境内机场货邮吞吐量的 46.5%。这些数据都表明了全国区域发展十分不均衡，东西部地区之间差距过大。过大的发展差距会导致"强者愈强，弱者愈弱"，东部地区吸引了全国的优势资源，中西部地区发展受限，这种区域发展不平衡的局面不利于国民经济整体的健康发展，加剧了地区之间的矛盾。

5.3.2.3　对区域发展的带动能力弱

20 世纪 80 年代，当现代物流业开始在美国兴起时，孟菲斯市以其得天独厚的交通区位被联邦快递公司选为总部基地，联邦快递公司的入驻使原本不知名的孟菲斯国际机场一跃成为世界物流中心。此后，孟菲斯国际机场逐步成为全球第一代货邮空港，货邮吞吐量在 2002 年突破 300 万吨。物流的快速发展，带动了孟菲斯市临空经济的快速发展，并逐渐形成了以航空物流产业为主导、多种产业共同发展的经济模式。孟菲斯国际机场成了世界最大的航空货运机场、世界顶级物流转运中心，孟菲斯市也因此赢得了美国"航空都市"的美誉。

除此之外，法兰克福机场作为德国最大的机场，也是欧洲最大的航空货运机场，法兰克福市依托机场和航空业带动会展和金融行业快速发展，成了国际金融都市。韩国仁川机场也凭借其连接欧洲和东亚的地理区位优势，成为具有国际竞争力的东北亚航空运输枢纽、物流中心，韩国仁川机场空港城也在机场物流的带动下，建立起了以物流为导向的六大产业门类，形成了强大的产业协同效应，带动了区域经济发展。

然而中国的民航机场在货运业务上的发展却十分有限，在国际市场份额上缺乏明显的影响力，对城市经济与区域经济发展的带动作用也较为薄弱，缺少具有较高国际知名度的物流中心。因此，深入分析中国在世界地理上的区域优势，探寻航空物流发展的突破口，以货运业务带动机场发展进而带动区域经济增长也是中国未来航空物流发展的一个重要方向。

5.3.3 中国航空物流发展的对策

5.3.3.1 完善政策基础

当前，中国已经在民航及航空物流领域制定了多种政策支持其发展，在此基础上，中国中央及地方政府还应继续紧跟世界发展潮流，学习先进地区发展经验，不断完善航空物流发展的政策基础，加大对航空货运建设与发展的重视程度及政策支持力度，强化行业引导，明确财政补贴、税收优惠等鼓励政策，倡导行业内技术创新，带动航空物流业整体发展。

5.3.3.2 加强基础设施建设

加强货运基础设施建设是发展航空物流的重要基础。各级政府可以加快航空口岸建设，合理引导机场建设货运场地与仓储设施，拓展国际航线，建设立足中国、面向世界的国际物流中心与转运基地；注重机场与其他交通方式的无缝衔接，建设以机场为核心的综合交通体系，实现对外与对内联络的有机整合；鼓励全货运航空公司发展，引导航空货运企业与快递公司通过兼并重组、协作联盟等方式做强做大，提升国际市场份额。

5.3.3.3 大力扶持中西部地区发展

面对当前中国区域发展不平衡的矛盾，中国应大力支持中西部地区航空物流发展，着力改善中西部地区的航空物流基础设施建设，通过丰富多样的行业优惠政策吸引航空类企业入驻，为中西部地区发展注入新鲜血液。同时依托"一带一路"建设，引导中西部地区"走出去"与"引进来"，以航空货运为突破口，逐

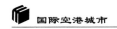

步加强货运基础设施建设与航空运输设备购置，打造面向全世界的国际物流中心，积极参与国际市场竞争。

5.3.3.4　提升产业综合竞争力

逐步建立以航空物流为中心的临空指向性产业集群，引导企业战略合作，提高行业集中度与规模经济优势。不断延伸产业链，发展现代化、高精尖的临空类新兴产业，包括飞机制造、零部件加工等临空制造类产业，航空货运、航空维修等临空服务类产业，总部经济、文旅会展、金融租赁等延伸服务类产业，形成完整的临空经济产业链，打造各地特色的产业集群，提高中国临空指向性产业的综合竞争力。

5.3.3.5　建设空港城市

以航空物流为核心，通过产业前向关联和后向关联形成若干产业集群，推动各地建立具有先进水平的空港物流园区，并发展以机场为中心的临空经济区，助推地区经济发展，逐步与城市功能不断匹配，建设产城融合、宜居宜业的新型空港市，以产业带动城市发展，进而带动区域经济增长，为中国经济与社会发展寻求新的增长极。

5.3.3.6　后疫情时代下货运发展新契机

随着 2019 年 12 月新型冠状病毒引发的肺炎疫情在中国乃至全世界的快速传播，全球民航业受到了巨大冲击，国际航协（International Air Transport Association，IATA）发布新冠肺炎疫情对航空业影响的初步分析报告，报告指出，全球航空公司客运收入损失将达到 293 亿美元。为了应对客运市场的猛烈冲击，不少航空公司加大满足货运市场需求，将客机改装成货机，提高飞机的利用率。在后疫情时代，国际新兴航空枢纽将进入新一轮弯道超车期，重视中国民航业全货机引进和货运枢纽洲际网络打造，将为中国航空物流的发展提供新的契机。

第6章　中国空港经济区发展大事记

6.1　2020年中国空港经济区发展十大趋势

6.1.1　空港经济区重要性越发凸显

近年来，空港经济的发展出现在习近平总书记的讲话中，出现在许多国家重要文件中，出现在各地政府的发展规划中。截至2019年底，全国已有14个空港经济区获批国家临空经济示范区。在中国的社会经济发展中，空港经济区将扮演着越来越重要的角色。

6.1.2　"增长极"作用越发明显

绝大部分空港经济区无论从固定资产投资、税收，还是GDP增长方面，都普遍高于所在城市的平均水平，空港经济区正在成为所在城市的发展新引擎。同时，当前空港城市的规划水准和开发建设标准普遍高于所在城市，尤其是在国际化、人文化、生态化、智慧化发展方面，大多均提出了明确的要求和较高的水准，已经逐渐成为代表我国城市规划建设最新理念的区域。

6.1.3 空港经济区正在向"空港城市"加速演进

随着综合立体交通枢纽的快速完善，上海虹桥、深圳、重庆、长沙等越来越多的区域在空港经济区布局了大量总部、会展、商业等城市核心功能，从产业聚集区向空港城市演进的趋势越来越明显。更加重视国际对标、科技对标，更加重视枢纽、物流、产业、城市的互动，更加注重生态建设。

6.1.4 空港经济区正在成为新经济的聚集地

许多地区将空港与自贸区、保税区等功能充分融合，使空港成为开放资源、创新资源、人才资源和国际元素富集的区域，推动智慧物流、数字经济、人工智能、新金融等新经济蓬勃发展，空港区域逐渐成为所在城市的创新中心和新兴产业基地。

6.1.5 "门户"和"窗口"作用更加突出

绝大部分设立自贸区的省份，都把空港区域作为自贸区的核心功能区，尤其是在内陆地区，空港经济区作为对外开放"门户"和国际贸易"窗口"，越来越占据重要地位。陕西省委确立发展"三个经济"（门户经济、枢纽经济、流动经济）战略，就是认识到了机场等现代交通枢纽对区域经济转型升级的作用，认识到了空港经济对于对外开放的门户和窗口作用。

6.1.6 空港经济区正在成为创新创业的"硅港"

空港经济区客流、物流、信息流、资金流汇聚的优势越来越受到投资者重视，大型企业总部加快向空港聚集，创新创业环境快速提升，空港经济区正在成为以国际化、高价值、高科技为特色的创业"硅港"。

随着中国市场、中国创造、中国资本等崛起，依托新兴技术自主创新力度不断加强，空港经济区作为人才流、资金流、信息流的重要集聚地。人才、资金、信息等创新链核心要素集聚，使空港经济区成为发展科创经济的重要承载功能区之一，未来空港经济区必将冲出一批以科创、科研、科教、科技为代表的，以内驱性动力崛起发展的空港经济新区，积极融入国际高新技术创新链，重点打造国际科创中心、国际科研中心、国际科教中心、国际共享制造中心等功能性载体，塑造内驱性空港经济区的核心引爆器。

6.1.7 中小城市正在加入空港经济发展行列

黑龙江打造通航机场群、湖北鄂州机场开建、张家界依托机场发展国际旅游消费、临沂市规划建设空港产业集聚区越来越多的中小城市纷纷探索空港经济发展模式，空港经济的作用正在被三线、四线城市发现和重视。

6.1.8 作为空港经济的"发动机"，机场本身业务进入快速成长期

各大枢纽机场业务增长迅猛，北京、成都、大连、青岛、西安等多个城市纷纷开展第二机场、新机场建设或机场改扩建工程，更多客流、物流资源的汇聚，为下一步空港经济区的发展提供了广阔的成长空间。

6.1.9 空港经济的传统发展路径得以打破

典型的空港经济区发展按照以客货流带动，先物流、后制造、再商业的发展路径，如郑州航空港经济综合实验区、天津临空经济区、西安临空经济区等。随着消费升级和自由贸易试验区的探索，未来空港经济区有望在产品贸易和服务贸易上探索出一条新路。开放新时代下，有些空港经济区创新性地开发出一条新路，打破传统物流与制造业的发展路径，优先发展服务贸易功能性项目，重点探索以服务贸易和产品贸易为核心驱动的空港经济区发展新路径。

6.1.10 空港经济区发展面临压力

尽管空港经济发展迅速，但在近十年的快马加鞭圈地规划、招商引资之后，中国空港经济发展仍然出现了许多问题，例如产业同化严重，无法体现地区特色及差异；产业限于局部，动辄上百平方千米难覆盖；产业智慧化程度有待提高等。在新的经济形势下，空港经济发展同样面临转型和创新压力，郑州实施了供应链金融、选择性征税、港仓内移等一系列改革创新，为空港经济发展起到了借鉴作用。

这些趋势充分表明，空港经济在未来"一带一路"建设、新型城镇化推进

的过程中，将扮演更加重要的角色。

6.2 2020 年中国空港经济区发展十大事件

6.2.1 中国与欧盟首次签署民航领域协定

2019 年 5 月 20 日，中国民用航空局局长冯正霖与欧盟轮值主席国代表罗马尼亚驻欧盟大使奥多贝斯库以及欧盟委员会负责移动运输事务的布尔茨委员在布鲁塞尔共同签署了《中华人民共和国政府和欧洲联盟民用航空安全协定》和《中华人民共和国政府和欧洲联盟关于航班若干方面的协定》。这两个协定的签署是落实第二十一次中欧领导人会晤联合声明的具体举措，是中国与欧盟首次在民航领域签署协定，是双方民航领域合作的重要里程碑，将进一步促进中欧在民航各领域的合作，丰富中欧全面战略伙伴关系内涵。

6.2.2 民航局发布《中国民航北斗卫星导航系统应用实施路线图》

2019 年 11 月 26 日，民航局正式发布《中国民航北斗卫星导航系统应用实施路线图》，提出要大力推进北斗系统应用，积极构建以北斗为核心的全球卫星导航系统（Global Navigation Satellite System，GNSS）技术应用体系，推动以星基定位、导航与授时技术为核心的新一代空中航行系统建设与运行，促进民航高质量发展。这是北斗系统在中国民航应用的首个系统性实施路径。

2019 年 12 月 25 日下午，首架安装北斗卫星导航系统的运输飞机在新疆喀什平稳着陆。这是北斗卫星导航系统在中国民航运输航空领域的首次应用，实现了基于北斗的运输飞机全程定位和追踪，对提升民航安全水平、提升民航国际竞争力和话语权意义重大。

6.2.3 通航机场数量首次超过运输机场

2019 年，中国通航飞行达 112.5 万小时，同比增长 13.8%；颁证通用机场数量达 246 座，首次超过运输机场。

6.2.4　北京大兴国际机场正式投入运营

2019 年 9 月 25 日，习近平主席出席北京大兴国际机场的投运仪式，宣告大兴国际机场正式投运。大兴机场是世界首个实现高铁下穿的航站楼，同时也是全球枢纽机场中首个实现场内通用车辆 100% 新能源的机场。大兴机场将与北京首都国际机场形成共同发展的双枢纽机场格局，推动京津冀机场群建设。

6.2.5　上海自贸试验区临港新片区揭牌

2019 年 8 月 6 日，国务院印发《中国（上海）自由贸易试验区临港新片区总体方案》（以下简称《总体方案》），设立中国（上海）自由贸易试验区临港新片区。8 月 20 日，上海自贸试验区临港新片区在滴水湖畔正式揭牌。《总体方案》明确，上海大治河以南、金汇港以东以及小洋山岛、浦东国际机场南侧区域设置新片区。先行启动南汇新城、临港装备产业区、小洋山岛、浦东机场南侧等区域，面积为 119.5 平方千米。

6.2.6　京东快递首家机场品牌店落户上海虹桥国际机场

2019 年 9 月 3 日，位于上海虹桥机场 2 号航站楼三楼出发大厅的京东快递品牌店正式开业。这是京东快递首家机场品牌店，为机场及周边用户提供寄件、收件服务。未来，京东快递还将在多个机场开设品牌店，不断拓展服务区域和场景。

6.2.7　粤港澳大湾区规划纲要发布

2019 年 2 月，中共中央、国务院印发了《粤港澳大湾区发展规划纲要》，提出建设深圳、珠海通用航空产业综合示范区，推进广州、深圳临空经济区发展。粤港澳大湾区拥有香港、广州、深圳、珠海、澳门、佛山、惠州七个民用机场，运输体量居世界四大湾区之首。未来大湾区交通运输发展将总体围绕"一条主线"，实现"两个提升"，努力建设"三区"。坚持以深化供给侧结构性改革为主线，提升大湾区交通运输服务能力、品质和效率，提升大湾区在全球交通网络中的枢纽地位和辐射地位，努力把大湾区打造成为交通强国建设示范区、交通运输改革创新的试验区和交通运输转型升级的先行区。

6.2.8　深圳机场成首个开通直飞香港跨境直升机航线的内地运输机场

深圳机场是目前全国唯一一家实现公共运输航空与直升机无缝接驳的机场，也是粤港澳大湾区核心枢纽机场。这是首条内地直飞香港的直升机跨境航线，深圳机场也成了首个开通直飞香港跨境直升机航线的内地运输机场，形成了连通港澳、辐射大湾区的通航网络。深港跨境直升机航线的开通，标志着深圳机场形成了连通港澳、辐射大湾区的通航网络。

6.2.9　烟台和银川机场进入千万级队列

2019 年中国千万级机场达 39 个，同比增加 2 个。新增加的两个千万级机场分别是烟台蓬莱国际机场、银川河东国际机场。

6.2.10　西安获得 12 月全球最准点大型机场的桂冠

2019 年 12 月，全球大型机场出港准点率 TOP10 榜单中，中国包揽 9 席。其中，西安以 89.04% 的出港准点率跃居全球首位，雅典机场、重庆江北机场分列第 2 位、第 3 位。在亚太大型机场和中国大陆 3000 万级以上机场的出港准点率排名中，西安同样以 89.04% 的出港准点率排在首位。

6.3　2020 年中国空港经济区发展十大项目

6.3.1　北京大兴国际机场联手迪拜伊玛尔集团打造国际购物小镇

在 2019 年中国国际服务贸易交易会上，迪拜伊玛尔（EMAAR）集团与北京新航城控股有限公司签署战略合作备忘录，伊玛尔将在大兴机场临空经济区投资建设的商贸旅游综合体，将集购物、娱乐、办公、酒店、会议、体育运动、艺术馆等功能为一体，可直接为机场旅客提供具备国际水准的购物服务，并辐射带动京津冀消费升级。

6.3.2　上海自贸区临港片区芯片制造项目总投资超 1600 亿元

自 2019 年 8 月 20 日挂牌以来，临港新片区已累计签约各类产业项目 289 个，涉及总投资 2528 亿元。其中，无论是落地企业数量还是投资规模，集成电路产业都排在首位。总投资 359 亿元的积塔半导体已经试生产，总投资 150 亿元的格科微互补金属氧化物半导体（CMOS）工厂即将开工。总投资 350 亿元的图宏内存芯片项目、总投资 80 亿元的新微半导体第三代化合物半导体制造平台项目、总投资 10 亿元的国科微固态硬盘项目已经签约。总投资 700 亿元的中芯半导体 7 纳米工艺工厂、总投资 18 亿元的闻泰安世先进封测平台项目即将落地。

6.3.3　广州临空经济示范区 26 个项目集中签约，计划投资总额近 300 亿元

2019 年 6 月 18 日，广州临空经济示范区 26 个项目集中签约动工，计划投资总额近 300 亿元，涵盖基础设施建设以及航空维修、航空物流、航空培训、航空金融、跨境电商等多个领域。签约项目包括经纬集团粤港澳大湾区 IMX 全球臻品集散中心、苏宁跨境电商全国枢纽、九元航空飞机维修基地、九元航空生产综合保障基地、广州航空产业价值创新园（CAE 亚太航空培训基地）、摩诘创新飞行模拟研发制造及训练中心、广东粤商控股股份有限公司总部、中国南航集团进出口贸易有限公司投资合作项目、高捷物流集团有限公司战略合作项目、保利发展控股集团股份有限公司战略合作项目 10 个。这些重大项目的落户与建设，将加快推进粤港澳大湾区跨境电商枢纽港建设，加速实现高端临空产业集聚集群，对广州空港经济区全力完善基础设施、优化产业结构、形成产业集聚，全面推动国际航空枢纽建设、深度参与粤港澳大湾区建设发展具有重要意义。

6.3.4　空客 A350 项目落户天津港保税区

2019 年 11 月，天津港保税区、中国航空工业集团有限公司与空客公司签署了空客天津宽体机完成和交付中心项目进一步拓展至 A350 机型的框架协议。这是合作三方继空客 A320 飞机总装线、A330 宽体机完成和交付中心之后又一重大

合作项目，标志着天津将具备空客公司现有单通道和双通道机型的综合生产能力。空客天津 A320 飞机总装线项目和宽体机完成和交付中心项目是中欧航空工业战略合作的重大项目。空客 A350 完成和交付中心项目及 A320 机身系统总装项目的落户，将进一步拓展天津市、中国航空工业集团有限公司与空客公司的合作领域和产业层级，为天津完善航空产业链、价值链和创新链，全面提升航空产业国际竞争力夯实基础，进一步加快天津建设成为空客亚洲中心和中国重要航空产业基地的步伐。

6.3.5 我国首个飞机租赁区项目在天津港保税区投用

2019 年 2 月，为促进天津航空产业发展，满足租赁飞机实际入区需求，由天津港保税区投资建设的我国首个飞机租赁区项目已投入使用。飞机租赁区紧邻空客 A320 总装厂，与天津滨海国际机场跑道相连接，项目主要包括停机坪、滑行道、围界安防和安检系统等，面积近 23 万平方米。该飞机租赁区实现了海关特殊监管区域和机场飞行控制区域功能的双重叠加，优化了飞机入区流程，缩短了飞机入区时间。针对飞机租赁区项目的特殊性，保税区海关、天津滨海国际机场给予了大力支持，设立专门管理机构、配备专职人员，提供专业化监督管理和保障服务。

6.3.6 投资 20 亿元的杭州湾生物科技谷开园

2019 年 10 月 27 日，"杭州湾生物科技谷"开园。杭州湾生物科技谷是萧山布局发展生物经济的三大产业平台之一。围绕建设"世界知名、国内领先、长三角一流"的生命健康产业集群，构建"药、医、器"三位一体产业发展体系，打造重大生物医药创新集群、大规模生物医药 CDMO 集群等五大产业集群。目前已初步形成 1 + X（一园区、一产业、一基金、一政策、一中心、一智库、一峰会）的运作体系，是萧山"4286"产业载体的重要成员平台。

6.3.7 郑州航空港携手泰国东部经济走廊，"郑州—乌塔堡"双枢纽呼之欲出

2019 年 8 月 29 日上午 9 点，泰国盛泰澜中央世界商业中心酒店，郑州航空港经济综合实验区商务和物流业发展局副局长杨晓峰、泰国东部经济走廊办公室

副秘书长拉萨蒙在《泰国东部经济走廊与中国郑州航空港经济综合实验区谅解备忘录》（以下简称《备忘录》）上郑重签字，会场爆发出热烈的掌声。他们身后，泰国副总理颂奇·扎都西披塔，泰国东部经济走廊办公室秘书长卡尼·尚素攀，郑州市委常委、航空港实验区党工委书记马健共同见证了这一重要时刻。根据《备忘录》，未来一段时期，双方将积极推动开通"郑州—乌塔堡"客货运直航，共同打造"郑州—乌塔堡"双枢纽，并在互设产品展览展示中心，促进电子信息、跨境电商、生物医药等产业发展方面加强合作，在"一带一路"倡议框架下，共同努力高质量推进"空中丝绸之路"建设。根据《备忘录》，双方将在落实泰国东部经济走廊办公室与中国商务部、河南省人民政府谅解备忘录基础上，加强航空大都市建设发展的信息及经验交流，进一步提升双方航空联通性，促进两地企业间的信息交流和投资合作。与此同时，航空港实验区将以航空大都市研究院为合作交流平台，推动泰国东部经济走廊以乌塔堡机场为中心打造航空大都市。

6.3.8　酒店、文旅、商贸等多个领域项目落户重庆空港新城

2019 年 12 月 26 日，重庆渝北区举行 2019 年下半年招商引资项目集中签约活动，现场签约项目 31 个，其中有四个重点项目落户空港新城。重庆鲁能开发（集团）有限公司将打造鲁能城购物中心，其中投资约 15 亿元引进万豪国际旗下顶级五星级酒店"JW 万豪"，项目建成后将有效弥补空港新城片区酒店资源短缺的不足。百瓶酒庄管理有限公司落地空港新城建设文创与研发中心，将打造以投资管理、产品研发、品牌运营、互联网运用为核心的综合项目，具体布局境内外并购资产运营、跨境电商、百瓶新零售、烈酒研发、文创研发五大业务板块。恒大地产集团重庆有限公司拟投资 10 亿元，选址 F03－1/04 号地块打造约 22 立方米的家庭体验式艺术天街——恒大城市之光。天津木莲庄酒店管理有限公司拟在"合景泰富悠方广场"商业项目中投资 1 亿元打造木莲庄酒店。此次集中签约项目涉及酒店、文化旅游、商贸商务等多个领域，为空港新城高质量发展、产城景融合发展注入强大动力。

6.3.9　中国商飞大飞机示范产业园在成都双流开园运营

2019 年 10 月 8 日，中国商飞大飞机示范产业园在成都双流开园运营。作为国内首家定位为国产商用飞机规模化运营和产业化孵化的航空产业园，将以全面支撑 ARJ21 飞机示范运营为使命，重点打造航空运营、航空维修、航空培训、产业培育、综合服务五大功能。大飞机示范产业园的正式运营，为双流航空经济的发展注入了新动能。

6.3.10　湖南首家本土航空公司在长沙临空经济示范区挂牌成立

2020 年 7 月 2 日，湖南红土航空股份有限公司正式挂牌落户长沙临空经济示范区。湖南红土航空是全球首家互联网新经济控股的新型航空公司，其战略股东为同程集团。红土航空于 2016 年 5 月 21 日正式开航，是中国民航最年轻的干线航空成员之一，目前运营 12 架 A320 系列飞机，为全空客 A320 系列机型 2019 年全年营业收入突破 10 亿元，未来将立足于本地，发挥独特的区域优势、互联网技术优势以及旅游资源优势，不断扩充机队规模，开辟特色精品航线，围绕长沙基地进行战略产业布局，加速融入和拓展长沙四小时航空经济圈，着力打造具有湖南文化特色和服务特色的"互联网＋"精品航空。

主要参考文献*

［1］恒大研究院（任泽平，罗志恒，华炎雪，贺晨）．中美贸易战暂时缓和：本质、应对和未来沙盘推演［R］．2018－12－02．

［2］全球最大超级航空港进入通航倒计时［EB/OL］．人民网，https：//m2. people. cn/r/MV8xXzMwNTEyMzg5XzQxODc2NV8xNTQ2OTk3Nzk4？ source ＝da&tt＿ from ＝ mobile＿ qq&tt＿ group＿ id ＝6644305613004210696，2019－01－09．

［3］王学东．国际空港城市——在大空间中构建未来［M］．北京：社会科学文献出版社，2014．

［4］王学东．临空经济，将全球经济从新平庸拉进新纪元［EB/OL］．中国民航网，http：//www. caacnews. com. cn/1/5/201811/t20181105＿ 1259692. html，2018－11－05．

［5］闫永涛．国内外典型空港周边地区发展分析及启示［A］//中国城市规划学会．城市时代，协同规划——2013中国城市规划年会论文集（14－园区规划）［C］．2013．

［6］张芳圆．智逆风起航，迎接空港经济新时代［R］．纲智库上海中心，2019．

［7］邹建军．新经济常态下的民航业发展趋势思考［R］．幸福航空控股，2015．

---

*第4章中对于国内外主要空港经济区介绍的内容广泛借鉴和参考了来自各空港经济区官方网站、相关政府部门网站、中国民用航空网以及百度百科等网络资源，在此仅列出部分主要引用文献。

［8］陈树志．我国航空物流业现状、问题及优化策略［J］．价格月刊，2017（6）：68－72.

［9］周彪．我国航空物流发展的对策［J］．物流工程与管理，2013（3）：1－3.

［10］刘明君，刘海波，高峰，刘智丽．国际机场航空物流发展经验与启示［J］．北京交通大学学报（社会科学版），2009（4）：53－57.

［11］胡进．后疫情时代国际航空运输新趋势及其应对策略［J］．空运商务，2020（5）：4－7.

［12］John D Kasarda．Time－Based Competition & Industrial Location in the Fast Century［J］．Real Estate Issues，1999，23（4）：24－29.

［13］Mckinley Conway．The Fly－in Concept［Z］．1965.

［14］曹允春．临空经济演进的动力机制分析［J］．经济问题探索，2009（5）：140－146.

［15］管驰明．从"城市的机场"到"机场的城市"——一种新城市空间的形成［J］．城市问题，2008（4）：25－29.

后　记

实践—理论—再实践

中国空港城市发展委员会、复旦大学国际空港
城市研究中心王学东团队研究成果简述

从 2011 年开始，在从事空港城市开发建设的实践中，我逐渐认识到，作为一个新兴领域需要相关理论的指导，通过几年来的思考与实践，由社会科学文献出版社于 2014 年出版了《国际空港城市——在大空间构建未来》一书，初步形成了空港城市研究的理论框架。2015 年，研究团队正式组建，开始全身心投入相关研究之中。

团队本着从实践中来、到实践中去的宗旨，始终坚持站在全球视野，从人类社会进入大空间时代的大背景审视空港；坚持服务国家战略，在"全方位对外开放"、"一带一路"、长江经济带等国家战略或倡议背景下研究空港；坚持问题导向，注重理论研究与各地空港经济区发展实践相互促进、相互提升。在空港城市这样一个空白领域，团队做了大量基础性、系统性的理论构建、研究探索和资料整理工作，2017 年、2018 年、2019 年连续三年发布空港城市发展报告，研究路径逐渐成熟、成果逐步完善，使 2020 年的发展报告得以正式出版。

回顾五年来的研究历程，我们欣喜地发现，空港城市研究这个领域还是一片

蓝海，世界范围内相关研究也并不多，有机会让我们在该领域的研究中走在世界前列。总结几年来的研究成果，我们在以下十个方面实现了原创性：

（一）从人类社会发展角度，提出了人类社会已经进入了"大空间"时代

随着移动互联网和物联网的飞速发展，带来了人类生产生活方式的全面革新，实现了以空港为核心的立体综合交通网络和信息互联网的互联互通，人类社会进入了"大空间"时代，呈现出要素流动快速化、经济利润长尾化、产业结构高端化、经济社会全息化、全球发展均衡化五大特征。

这一基本观点，从 2011 年我在从事空港城市建设实践中就逐渐在思考成熟，在珠海航展、上海交大城市论坛、中国临空经济高峰论坛（武汉）等不同场合都进行了演讲阐述，形成了大空间时代三大标志、五大特征、五大趋势的完整体系。在为北京、成都、长沙、秦皇岛等地党政领导作辅导培训时，大家听了以后普遍认为，以往仅仅从经济发展角度认识空港局限性很大，从时代背景下才能对空港有全息化的认识，对于如何建设空港经济区才有了经济社会全方位的标尺。

（二）从产业演进方面，提出空港经济将成为世界经济新一轮增长极

空港将社会经济活动在时间和空间双重维度上拉深，商业活动呈现出更多的交互性和去中心化的趋势，改变了传统企业规模报酬递减的生产函数，扩大了生产可能性边界和经济活动边界，空港经济区将成为世界经济新一轮增长极。在此分析基础上，我们建立了空港经济区的城市形态、产业结构、功能布局等基本理论体系。

2014 年 11 月 26 日，我以《应抢先布局国际空港城市》为题在《人民日报》发表经济时评，积极呼吁在全国范围内抢先布局若干个空港城市，以此来引领未来经济发展，带动全方位对外开放。引起国家部委关注，次年国家发改委联合民航局下发临空经济示范区建设指导意见，鼓励各地建设空港经济区。通过我们和社会各界的呼吁，目前积极发展空港经济区已经达成了共识。据统计，2017 年时，全国各地明确建立的空港经济区是 56 个，而到了 2018 年，已经增加了 11 个，达到 67 个；目前已经达到 80 多个，在这个后危机的"新平庸"时代，空港经济将有可能将世界经济从"新平庸"拉近新纪元。

（三）从全球合作角度，提出全球价值链转移方式"龙形化"的特征

在大空间时代，产业链从原来的不同梯度国家在某一产业上依次起步、此消

彼长的"雁形"发展模式转变为各国家在同一产品不同工序上几乎同时起步和联动的"龙形"发展模式所替代。打破了工业时代产业梯度转移的规律，任何一个具有空港功能的区域，都可能直接参与世界分工，空港经济区（空港城市）将成为各城市未来参与全球分工、推进经济发展和对外开放的重要引擎和平台。

这一分析明确了空港经济区从一开始就是参与世界分工，参与全球竞争，发展国际化的产业，并不是以往发达国家—沿海—内陆的梯度转移关系。许多空港经济区特别是内陆的郑州、重庆、长沙等空港经济区受到启发，彻底摆脱了思维局限，从一开始就瞄准国际化的先进产业，进行全球招商，如郑州的电子信息产业、重庆的笔电产业，直接为当地植入了国际化的产业元素。我们在为长沙做产业规划时，为它们设计了与世界产业同步的数字经济、医疗健康、工业互联等六大产业链，得到当地领导的充分认同。

（四）从城市文明发展角度，提出空港城市是人类城市发展的最新形态

依托空港形成的空港经济区，正在成为新经济资源的聚集和交换中心，成为带动城市转型发展的重要功能平台，并孕育发展成为最新的城市形态——国际空港城市。以空港为主要节点的全球物流网，和以移动互联网为重要特征的全球信息网在空港经济区实现互联互通，为城市生活带来新的革命和体验。同时，我们还总结了空港经济区规划建设的基本特点和原则，提出空港经济区空间布局呈现出廊道与圈层相结合的特征，普遍采取组团圈层式布局模式。

这一认识，突破了以往按照产业园区理念规划建设空港经济区的局限，也就是围绕机场发展的并不是传统的产业园区，而是将产生所在城市未来最先进、最有活力，产业、生活、配套完整的大都市区。后来许多地区设立相关开发区域时，就不再以临空经济园区等命名，如长沙、南昌、重庆、广州等地，直接以航空城、空港城、空港经济区等命名，按照城市来进行整体规划。

（五）从空港城市迭代发展角度，提出空港经济区将经历"四代"演进

在航空运输业与区域经济不断互动发展的过程中，空港所担当的门户功能不断提升，功能承载空间也不断扩大、演进，由空港转为空港与周边临空工业园的复合体，进一步发展成为功能更加综合的空港城，并出现了与城市功能高度融合的空港都会区的发展趋势。也就是从机场到产业区、到空港城、再到空港都会的四代演进规律。随着经济全球化和区域化进程的加速，世界较为成熟的空港经济

区已开始由第三代向更高层次的第四代过渡。

许多空港经济区在了解到这种规律之后，已经有意识地在规划中直接按照第三代，即空港城市的标准来规划建设，例如郑州航空港，后来就明确提出现代航空都市的定位。为提升国内空港经济区发展层次和水平起到了一定的作用。

（六）从空港城市建设模式角度，提出"功能整体构造、项目协同建设"的开发建设模式

空港经济区的建设到底应该采取什么样的开发模式，是传统的分阶段滚动开发，还是应该整体开发。结合空港经济区的周边配套严重不足、城市功能严重缺失、空港产业协作紧密的特点，我们提出了"功能整体构造、项目协同建设"的空港经济区开发建设模式。这一认识也被许多空港经济区认可和借鉴，比如成都在天府新机场建设的同时，明确提出要加强功能整合，同步推进空港城市、产业园区建设与新机场建设。

（七）从大空间时代对城市的要求，提出了空港经济区功能要素的"四化"特征

分析未来人类社会、经济发展、产业演进的相关规律，我们对空港经济区的发展特征进行了总结：

一是产业国际化将是今后空港经济区发展的重点方向。由于全球价值链转移方式"龙形化"，特别是以航空运输为依托的空港城市发挥了"点对点"的联通作用，全球联系更加紧密，发展更加均衡，需要我们将产业发展的层次跟上国际，招商引资的对象面向国际，服务和产品的市场放眼国际，大力引进国际化新兴产业。

二是城市智能化将是今后空港经济区发展的基础功能。"大空间"时代人们的生产生活将更加高效，这就要求园区建设从一开始就把实现城市智能化作为导向，在交通设施、公共服务、商业休闲等方面更多地采用世界先进理念和技术，建立智能化应用系统，使人流、物流、信息流在城市内部实现高效运转。

三是环境生态化将是今后空港经济区发展的必备条件。随着空港经济区产业国际化程度越来越高，导致城市人口更加多元化，对人居环境的要求也越来越高，促进城市环境生态化就显得十分重要，未来空港经济区的发展将在产业选择、环保设施、绿化环境等方面更加注重宜居性和可持续性。

四是生活人文化将是今后空港经济区发展的基本要求。 在大空间时代，更加彰显人的个性化需求和更高水平的生活需要，人文环境将成为城市竞争的重要因素。未来空港经济区的城市建设和城市精神塑造，将更加注重丰富精神生活、构筑都市文明，将文化内涵和人文精神融入城市建设的方方面面。

（八）从空港经济区产业构造角度，提出了空港产业"矩阵式"发展、"街区式"布局的模式

当前全球产业形态、产业布局发生了深刻的变化，一是随着产业复杂化与分工细化，产业链的每一个环节都成为规模庞大的产业，区域产业定位必须实现精准化才能适应当前的分工条件；二是随着范围经济的发展，产业与产业之间的联系越来越紧密，关联产业协同发展成为区域经济竞争的关键；三是随着高端产业中人力资本、城市服务、综合配套起着越来越重要的作用，对各城市功能的空间布局带来了新的课题，对职住平衡的要求更高，需要重新构造城市产业、居住、生活服务、休闲娱乐等空间布局。为此，我们提出了纵向贯通、横相关联的"矩阵式"产业发展定位，以"十分钟工作生活圈"为指向，融合工作、居住、生活服务等功能，以"产业街区"作为城市单元，重构城市空间。

根据这一理念，我们为长沙航空城开展产业规划咨询研究时，提出了重点发展数字经济、旅游消费、医疗健康、工业互联、国际贸易、航空服务六大产业链，在先进制造、研发服务、展示体验、航空物流、特色金融五大产业门类形成特色，打造"贯通六链、五业并举"的特色产业矩阵。充分贯彻创新产业和效率城市发展思路，以产城一体的理念打造产业和城市发展平台，建设产城高度融合、产业链相互配套、产业资源共享为特征的四大产业街区，分别为物流智造谷、总部服务谷、信息文创谷、游购健康谷。

（九）从区域经济一体化角度，提出空港经济区能够促进城市群的形成与发展

我们通过对以虹桥枢纽为代表的机场综合交通枢纽进行研究，发现随着机场与轨道交通、公路、高铁的多式联运交通网络开始形成，空港经济区与周边城市的经济联系日益密切，溢出效应逐渐增强，能够带动周边中小城市的协同发展，经济辐射范围持续扩大，构建了以空港经济区为核心的城市群生态链。

从这一角度切入，为我们审视长江经济带、长三角等城市群、城市带的发展及其内部协作体系提供了新的视角。同时，我们还对航空与高铁的竞争与协作关

系进行了专题研究，并从扩大辐射范围、带动区域经济发展的层面提出，航空应与高铁协同发展，共同做大做强。

（十）结合当前经济社会情况，总结了空港经济区发展的十大趋势

在统计分析各空港经济区发展情况，并结合当前社会经济发展趋势研究展望的基础上，我们总结了空港经济区发展的十个趋势，如向空港都市加速演进、新经济快速聚集、创新创业活跃、增长极作用突出等。为未来空港经济区如何发展标示了方向和路径，得到了北京大兴、广州、成都天府等空港经济区的充分认同。

以上十个方面是对团队近年来研究观点的一个总体回顾。本书作为团队组建后第一本正式出版的书籍，有关理论成果也已经融入整部蓝皮书中。未来，我们将以打造国内一流、世界知名空港城市研究团队为目标，始终坚持理论源自实践、研究指导实践的理念，争取推出更多原创性、"接地气"的研究成果。

在本书的编写过程中，国家发改委、中国民航局等国家部委为我们提供了极其宝贵的指导意见，中国城市发展研究会、复旦大学等学术机构为我们提供了热情的帮助，北京大兴空港、广州空港、长沙空港等有关空港经济区也积极支持我们的工作，在数据资料、研究方法等方面，从实践角度提出了非常有价值的建议，特别是出版社能够为这个空港城市研究领域开创性的著作提供出版机会，在此，我们一并表示真诚的感谢。

王学东

2020 年 7 月 10 日于北京